Zuzanna Ginczanka

On Centaurs & Other Poems

translated from Polish
by Alex Braslavsky

with a preface by
Yusef Komunyakaa

 WORLD POETRY

Eastern European Poets Series #48

On Centaurs & Other Poems
English translation copyright © Alex Braslavsky, 2023
Preface copyright © Yusef Komunyakaa, 2023
Introduction copyright © Alex Braslavsky, 2023

Eastern European Poets Series, No. 48

First Edition, First Printing, 2023
ISBN 978-1-954218-10-9

World Poetry Books
New York, NY
www.worldpoetrybooks.com

Distributed in the US by SPD/Small Press Distribution
www.spdbooks.org

Distributed in the UK and Europe by Turnaround Publisher Services
www.turnaround-uk.com

Library of Congress Control Number: 2022948954

Cover design by Andrew Bourne
Typesetting by Don't Look Now
Printed in Lithuania by KOPA

This publication has been supported by the ©POLAND Translation Program.

World Poetry Books is committed to publishing exceptional translations of
poetry from a broad range of languages and traditions, bringing the work of
modern masters, emerging voices, and pioneering innovators from around the
world to English-language readers in affordable trade editions. Founded in 2017,
World Poetry Books is a 501(c)(3) nonprofit and charitable organization based in
New York City and affiliated with the Humanities Institute and the Translation
Program at the University of Connecticut (Storrs).

Table of Contents

Preface by Yusef Komunyaaka   ix

Introduction by Alex Braslavsky   xiii

Early Poems

Holiday Feast   25

Thoughts Through a Blue Crystal   27

Erotophysics   31

August Mint on a December Morning   33

Tale of the Plush Toy's Luck   37

Wisdom Wise   41

Poem of Joyful Waiting   43

Then Came   45

Recipe for a Simple Life   47

An Herbarium, To Be Filled   49

*** [And I think I'll go ahead of me down a country-sunny street...]   51

Draft of a Poem About a Lilac Elephant   53

Mystery of Mystery   55

World's End   57

August Fertility   61

Ascension of the Earth   63

Two Octobers   65

Sphericity   67

Woman   69

Labyrinth of Madness   71

Rebellion at Fifteen   73

New Year's: A Handmade Greeting Card   77

Joyful Mythology   81

Transformations   83

Acquaintance 87

Conjugation 91

Pantheistic 97

Still Life: Tomato 103

Fidelity 105

Sunday 111

Strike 115

The Blue Almond Theorem 119

Forgotten May 123

Fear of the Moon 125

Escape 127

Drought 131

Agony 135

Recognition 139

In Heat 143

Song of Adventure 147

Phaedrus, the Fox and the Stork 149

On Centaurs [1936]

On Centaurs 153

Process 155

Pride 159

Canticum Canticorum 161

Essence 165

Fraud 167

Seafaring 169

Fur 171

Grammar 173

Virginity 177

This is One 179

Betrayal 181

Explanation in the Margins   183

The Foreign   185

Declaration   187

In Place of a Pink Letter   191

Fishing   193

Later Poems

Ballad About Critics Flipping Through Poetry   201

The Trial   205

Escape   209

Contemporaneity   211

Fire-Bird   213

Callings   217

Meditations   219

Explanation   221

Return   223

Libra   227

Trophies   229

Sacrilege   231

Epitaph   233

May 1939   235

The Awakening   239

In the Battle for Birth   243

*** [Non omnis moriar—my proud domain...]   245

Notes to the Poems   247

Acknowlegments   249

Preface

THOUGH SHE WAS BORN in Ukraine to a Russian-speaking Jewish family, the poet Zuzanna Ginczanka chose to write her poems in Polish from a young age. Her ideas in poems transported her near and far; she had the capacity to see into and beyond the life around her. At times, Ginczanka, who was "stateless" her entire short life, seems a nomad with limited physical terrain to travel. However, she ventured beyond the scope of most ordinary lives and dreams, seeking a freedom of thought others did not dare.

From the outset this collection—the first English-language volume of her poems—seems to have been waiting for us. It opens with "Holiday Feast" (1931), written when Ginczanka was only fourteen-years-old. Already here, the final two lines set the speaker's heart and mind plumb with life and death matters: "I bite with the teeth of my feelings into stolen apples of reddened days / And in the basket of my heart I hide the peels of memories already eaten." Here, in the delectable ritual of the feast we find a warning of what's to come. Yes, already here, a truth daring elemental beauty, and a knowing personality from first word to last.

By sixteen she was known for the poem "Grammar" which, in fact, is her *ars poetica*. Consider these four lines of the third stanza:

Here is shape and form, here is the indispensable essence,
the concreteness of the essence of the thing, material embedded in a noun,
and the world's immobility and the peace of deadness and stability,
something that lasts still and is, a word concentrated in the body.

Indeed, poetry isn't an abstraction for this seer but a physical reality. As we read through the broad and varied early poems—phrase by phrase, line by line, deciphering each one-of-a-kind image—we feel this poet's journey growing into full shape and meaning. It comes clearer, that, having stood out because of her unusual talent, she survives through wit, knowledge, and a quality of seeing that is all hers. This young woman becoming the poet bares elements of modern life to create authentic moments of beauty that nudge awake worldly realism. Ginczanka highlights a shifting world within an emotional symmetry—a touch of magic here and a touch of woe there. Such a contrast delivers real flesh and blood. And her apparent genius is also woven into the rhythms of showing: this speaker has looked closely at nature's work in motion, and she grew aware of language as an artful weapon—not to wound, but to affect change through awareness, to coax logos.

Ginczanka's first published collection—the 1936 *On Centaurs*, included here in its entirety—captivated readers with its daydreams and rituals of becoming. These vibrant poems focus on basic concerns of the body and mind, the frank proclivities of human beings, their social and societal dynamics, nature and beauty, where the sacred and profaned are drawn together in tension. The centaurs exist mainly as instruments of the imagination—from "Virginity" to "Betrayal"—for true acts of courtship, love, or war.

Since literature and art travel, I have been thinking, wondering who would have been Ginczanka's most ideal reader at the onset of those toxic years? For some reason, there's a certain face visiting this question. I believe Muriel Rukeyser (1913-1980) would have identified with Zuzanna Ginczanka—even from a distance, not merely because of their shared Jewish background. They were born four years apart, and I am struck by the fact Rukeyser traveled from her native New York City to participate in the People's Olympiad in Barcelona protesting the 1936 Olympics in Berlin. And both poets were thinkers who began writing verse at an early age.

However, Ginczanka isn't a thinker-poet merely because she's a keen observer of nature, nor only because her work is instinctually felt, knowing—feeling—how to reveal that which is elemental in human nature, as she does in these five lines of "August Fertility":

You will go in the August heat to celebrate the fertile wheat of plentiful
    hearts
You will go barefoot to worship the swollen, fat, sandy black earth with
    your feet— —
I saw the lips (like fruit pulp) of country girls, half asleep and languorous.
In the resounding warmth of sleeping gardens nostalgia slumbers in
    cobweb threads—

Within orchard gooseberries seconds of sudden, fragrant ripening sprout
   with sap.

The wheat in this poem is paramount when one thinks of the poet's birthplace, and the fact it was written in 1933, at the height of a two-year famine. Stalin was waging war on Ukraine by confiscating fields of grain, stealing its life-blood. No doubt, Ginczanka knew what *Holodomor* ("death by hunger") meant, and this pastoral poem is also a radical, political poem. It serves as both an ode to the earth and the people who work the land. And, in this light, this poet understood language as both praise and confrontation.

Ginczanka took increasingly brave chances in her poetry, and elements of Modernism and Surrealism touched her palette. (In one of her satirical poems of the later 1930s, she depicts her critics merely turning pages—not actually reading the poems—searching for suspects, and signs of that dangerous movement, the avant-garde.) Her poems are daringly miscellaneous in topics and structures—a joy of knowing, a teasing certainty, a mind always acutely aware—cosmopolitan, and truthfully earthy, without any emotional shorthand.

As political tensions magnify in the later 1930s, Ginczanka seems so fully aware of her prowess in poetical diction and tactual insinuation, she goes freehandedly to the terrifying heart of matters, sometimes with radical political prophesy and satire. In the 1934 poem "Strike," her language is straightforward, without typical metaphor:

—It will be for them, doggonit, freedom—
a paradisiacal, magnificent non-government,
a being for oneself only,
and apart from the self—for no one!

If anyone had said to her, "Zuzanna, you are a radical soul," she would have nodded her head *yes*, and then smiled. This trove of poems defies category; and each gesture is shaped by a true sense of modernism that aligns with this moment now.

Likely, this poet received life and death signals throughout her short life, but she found a way to stop, to contemplate a moment, and then hurry on, to cross the river or plead to her immense ability to sing truth. Was she afraid? Whom could she trust? Hers is not a big, loud voice. Yet it is a voice that can speak for history. Indeed, through the writing of her final extant poem, which named the neighbors who betrayed her to the SS, she effected posthumous justice, commemorated her loss, and recorded a complex history. The way everything is so concrete in this poem—"Tapestries and rugs, platters, candles"—brings us back to the early *ars poetica* of "Grammar." On the other hand, one can't help but think of the young poet's childhood in its final image—the story of her posed as an angel in her grandmother's shop, utterly still for hours:

And the fresh down, binding with my blood,
Swifty turns them to winged angels.

In "Betrayal" when she repeatedly proclaims, "Nothing will police me," how can we not believe her? This brave voice was an individual mind, a true artist, and a natural bulwark to any authoritarian thoughts. In January 1945, it took an authoritarian gunshot to kill this poet. Her audacity and belief come alive again in Alex Braslavsky's translations for our twenty-first century. I feel blessed to know Zuzanna Ginczanka through her lived poems, arriving just now, at the right time.

— *Yusef Komunyakaa, December 2022*

Introduction

ZUZANNA GINCZANKA WAS BORN in 1917 to Simon and Ceciliya Ginc-
burg, a middle-class Jewish family living in Kiev, then part of the Russian
Empire, now Kyiv, Ukraine. Shortly after her birth, her parents fled the
Russian Revolution and left her behind in the Polish city of Równe (now
Rivne, Ukraine) to be raised by her grandmother. Ginczanka began writ-
ing at a very young age. She wrote her first poems when she was four,
and her first ballad when she was eight. At the age of ten, she was ac-
cepted into the prestigious Tadeusz Kościuszko State Gymnasium. She
first published at fourteen and had achieved national recognition by six-
teen. The first section of this book therefore covers works written by a
teenager coming into her own as a poet. We see the beginnings of an or-
namental bent in her work here that would continue to flourish and that
she would later turn on its head. As revealed by one childhood anecdote
related by a friend to her biographer, Ginczanka was herself "ornamental-
ized" as a child in her grandmother's store:

> Did you know that Zuzanna, when she was a schoolgirl in Równe, used to
> decorate the display of her grandmother's store as an angel before every
> Christmas? She knelt in a white dress, with wings, a silver band on her
> forehead, or maybe a golden one, and white slippers. [...] She sometimes
> knelt for a very long time.

All manner of bits and bobs were sold at her grandmother's
shop—medicines, toys, ornaments, seeds, cosmetics, industrial goods, pho-
tographic supplies. This perhaps was where the formation of Ginczanka's
decorative poetics all began, though beauty would always remain conten-
tious for her. Throughout her life, her beauty as a Jewish woman would
inspire jealousy, as well as her internalized sense that she led a life bar-
raged by others. We see this conflicted relation to beauty in her poem
"From Behind the Barricades," written when she was only seventeen, in
which she evokes a scene of objectification, as if she is being observed
through a vitrine: "you look into my eyes like glass panes, like unbroken,

boundaried panes / and you don't know at all how in thought I cry out: free me, dear, save and deliver me—."

Her childhood performance as an angel in her grandmother's store foreshadowed a lifetime of masquerading as Polish Catholic to protect herself from persecution. Themes challenging biblical tropes and inverting them for her own ends first appear in On Centaurs (see "But then the course changes: / this / flesh / became word" at the end of "Process"). Comprising some twenty pages of poetry, On Centaurs—critically acclaimed upon its publication in 1936—is the only collection Ginczanka published during her short life. Throughout it, she contemplates her relationship with God, faith, and her Jewishness, interrogating the precepts of Genesis and interpolating her own origin story. Constructing an entire mythology of her own, she seizes upon biblical imagery and puts it in communication with her geological and cosmological obsessions, enabling her own complex creation myths to rear their monstrous heads. Abundant with birth imagery, her poems evoke an overall atmosphere of frenzied plenty rather than lack, delivering on an unspoken promise to graft opposites, conjoining wisdom with passion, sensuality with sagacity, and the effete with the mannish.

One of the ways Ginczanka achieves this grafting on the level of form is by extracting one key element of a metaphor and implanting it into the subsequent metaphor. Her neologisms (e.g., "brainpulpish," "apiarydom," "greenweed-deep") act in their own right as word-centaurs. Syntactical innovations abound: embedding her phrases within one another in "coagulated" lines, Ginczanka makes it known that the order in which her words hit the reader's eye matters to her, creating a layering effect as she patterns one phrase after another. She leaves transitive verbs unfulfilled (i.e., without tagging direct objects) and cuts away from them with enjambment (e.g., her use of "rid" in "Fishing"). In "Virginity," she embeds a simile between an adjective and the noun it modifies in the final stanza, suspending each of these components from one another. At the end of "Fishing," she encloses the instrumental in a prepositional clause (in original word order, "about with scales a sloshing wave"). Although at times I had to sacrifice the agitation of her word order, I tried to retain in many places her playful and ornate syntax. While striving for grammatical accuracy (and respecting the use of the instrumental case common to many Slavic languages), I have included some idiosyncrasies in diction resonant with my sensibilities as a poet (e.g., "gander," "puzzlegrasses"). I have tried to stay close to the original punctuation (e.g., her double dashes), since it is a significant marker of her style.

At a recent conference panel, Bożena Shallcross suggested that it was no coincidence that a half-horse, half-human creature so preoccupied Ginczanka in her work, as in her daily life she had to contend with her own hybrid identity—of writing as a woman in male circles, being Jewish in a Catholic country, and being young while writing with the maturity of someone much more seasoned. Though she grew up in a Russian-speaking family, from a young age she elected Polish as her literary language. Her decision to change her last name from "Gincburg" to "Ginczanka" (with its Polish suffix) was not merely poetic, but also political, at a time when anti-Semitism was on the rise. In her 1934 poem "Conjugation" she asserts that sociopolitical realities or borders do not translate into her sense of the world, since it is the intuitively handled written word and its aesthetic value that determine all choices, including those pertaining to a sense of nationhood:

> Is it necessary to choose something,
> can one not confess anything—
> a rhizome-sprouting word
> has invaded me, grown into me like a homeland,
> my speech is for me a land
> my speech is for me a land that is fertile, sandy, and good—
> Do I necessarily have to slice it
> into a square—like a banner—a program?

Here, the word itself is the poet's homeland. Despite considering herself Polish, Ginczanka was a Nansen passport holder and was never assigned Polish citizenship, remaining stateless until the end of her life. The stakes of her statelessness and her need to disguise herself by at once splitting her identity across its various categories and splicing it together from diverse elements is a central theme in her work.

Ginczanka seems to have felt a kinship with Poland's own history of statelessness, which had persisted from the period of Partitions at the end of the eighteenth century until the end of the First World War, during which time Polish Romantic poetry—rather than any political autonomy—in large part sustained Polish identity and culture. Without it, there would have been virtually no cultural continuity over the course of more than a hundred years. Similarly, in Ginczanka's case, her poetics helped to sustain a continuity of self across the varied vectors of her hybrid status.

IN THE YEAR OF *On Centaurs'* release, Ginczanka moved to Warsaw for university and began participating in the Skamander poetic movement. The poems she wrote in her early twenties recount her powerful reckoning with the eros of coming into womanhood. Through her engagements in the Skamander circles, she learned from other Jewish poets who mentored her, including Julian Tuwim, and yet the poems she wrote proffered their own feminine bent. Poems from this period also grow increasingly sober ("I frittered away unwisely in the hum of flowing middays. / Do not pass judgment on me, I am yet to be misled by many a sign"—from "The Trial"). The press berated her, dubbing her "Tuwim in a skirt," but Ginczanka fired back, unafraid to polemicize against her contemporaries.

On February 12, 1937, a Warsaw tabloid published a direct attack on Ginczanka, targeting her for changing her last name and denigrating her for her origins. The article's author—one of the editors of the magazine—had purportedly made advances toward her, but she had refused him. After penning her biting rejoinder in verse, she went on in many other poems of this period to openly satirize literary high society. Her poem "May 1939" is a response to the prominent poem of the same name by Antoni Słonimski. Published on the front page of the journal *Wiadomości Literackich* (Literary news), Słonimski's poem touted the characteristic Skamander ethos rooted in the rebirth of life, regardless of cataclysmic events. Ginczanka's poem provides a decidedly ambivalent response and represents a counterpoint to the possibility of salvation.

DURING THE SUMMER OF 1939, Ginczanka vacationed at her grandmother's house in Równe. Her friend Jan Śpiewak came to visit her that summer. In his words, "at that time Ginczanka was writing quite a lot.... I remember some of her poems. They were rather notes or outlines of future works." Soviet occupiers began to "depopulate" the bourgeoisie: factories, stores, and houses were nationalized, and her grandmother's pharmaceutical-supply store suffered the same fate.

Under these conditions, Ginczanka decided to flee to Lwów (now known as Lviv), since everyone in Równe knew her as well as her origins. She believed it would be easier to hide in a big city. Not long after arriving in Lwów, Ginczanka hastily married a man by the name of Michał Weinzieher, in what was likely a marriage of convenience. She may have thought that her new husband's position at the National Museum would help her protect her grandmother from harm. In Lwów, she briefly re-entered literary life, and in 1940 she was admitted to the Union of Soviet Writers of Ukraine. Her only open literary activity at this time was the translation of poetry. The Lwów ghetto was established in the fall of 1941, and groups of three at a time, often one Gestapo officer and two Ukrainian policemen, began to conduct searches for Jews in Lwów's tenement houses. In August 1942, the decision was made to liquidate the ghetto and exterminate all the Jews there. Again, Ginczanka delayed her escape abroad, though it is not entirely clear why, since she could not count on her safety at her apartment on Jabłonowski Street. It may be that she initially wanted to be with her grandmother, but not much later her grandmother died of a heart attack on her way to an execution site for Volhynian Jews. Although she was denounced several times by the Chomin family, tenants in her building, Ginczanka managed to elude capture, each time by the stroke of a miracle, including once having the fortune of being bailed out.

Ginczanka spent much of the time locked inside in the bathroom, where a gas supply had been installed and she could keep warm. She slept in the bathtub for fear of being hunted at night. It was likely at this lonely time in hiding, that she wrote the poem "Non Omnis Moriar," the last of her surviving poems. Scholars point to its allusions to Horace's "Exegi monumentum" and Juliusz Słowacki's "My Testament," as well as to its intricate tone. In the words of poet Tadeusz Dąbrowski, "this denunciation of her own betrayers, while full of sarcasm, [...] is maddeningly merciful. There is not a shadow of aggression toward the looters [...]. They are treated as worms, constituting a necessary link in the circulation of matter."

At the turn of 1943-1944, Ginczanka fled to Kraków, where she found shelter in a tenement house at 26 Mikołajska Street. It was here that Ginczanka and her childhood friend Blumka Fradis were finally arrested. The following account is from a letter written by Krystyna Garlicka, who in 1944 was Ginczanka's cellmate in the Czarnieckiego Street Prison in Kraków and noted that she made a point of taking care of her hair while imprisoned:

> She did indeed have beautiful, long, black hair. During the investigation, she constantly adjusted it. The Gestapo noticed this and, with all the cruelty they could muster, started pulling it out. They dragged her along the ground by her hair. She screamed terribly, but she endured and did not at all admit that she was Jewish. Unfortunately, her friend, I don't remember her name, broke down. Maybe she lacked the courage and willpower that Zuzanna had.

Ginczanka was shot in May of 1944 in the Płaszów concentration camp. Though only a small number of Ginczanka's wartime poems have survived, we know that she wrote many poems during this period, and scholars continue to seek them out. The reader must, for the moment, imagine them. The trial against Zofia Chominowa and her son Marian Chomin, who had turned Ginczanka into the authorities, took place after the war, from 1945 to 1948, resulting in the former being sentenced to four years in prison and the latter being acquitted. Kiec draws our attention to the precarious use of her final surviving poem "Non Omnis Moriar" in her trial:

> Amongst Zuzanna Ginczanka's many mysteries, the most distressing— because neglect is this time unforgivable, ours, researchers', critics', and archivists'—is locating the manuscript of the poem 'Non Omnis

Moriar.' [...] The piece of paper with the text of the poem attached to the Chomins' trial file is only a copy made by a different hand—not Zuzanna Ginczanka's—and it seems to me that it is not the manuscript of Lusia Stauber, who submitted the poem as evidence in the Chomins' case to the court. [...] Stauber repeatedly stated that she did not remember who had given her this poem."

Although the version of "Non Omnis Moriar" that has been passed down to us is not in the poet's original hand and may have been tampered with, possibly in transcription during the trial and possibly by subsequent male editors, it still contains the last haunting words—in poetic form—that we have from Zuzanna Ginczanka:

Clumps of horsehair and seagrass,
Clouds of pillows torn and puffs of feathers
Cling to their hands, turning both arms to wings,
And the fresh down, binding with my blood,
swiftly turns them to angels.

We see the remnants of her ravaged, hybrid creatures—the mane of the centaur, the feathers of the bird—and we see a flash of the little girl raised in a secularized Jewish family, who would later be forced into hiding, kneeling one final time as an angel in her grandmother's store, this time ravaging those ethereal garments, binding them to her persecutors with her blood.

Over the past decade, Ginczanka's work has entered the canon of Polish poetry. Although she was long overlooked by Polish poets and scholars due to Soviet censorship, she is now included in the prominent textbook, the *Nasiłowska History of Polish Literature*. Several monographs have been written about her work, art exhibits and plays about her life have been produced, and in 2020, Kiec's biography was released. Although there are some other prominent Polish women writers of the Holocaust period, and Ginczanka is part of a rich Polish poetic tradition that includes the likes of Zbigniew Herbert, Czesław Miłosz, and Wisława Szymborska, Ginczanka's work stands out for her surefooted sensuality, the precision of her dynamic syntax, and the mythical atmosphere she provokes, leaving us with her inimitable contribution to the Polish canon and to world letters at large.

* * *

I WAS FIRST INTRODUCED to Zuzanna Ginczanka's poetry in 2019, when the volume of her collected works, dated from 1931 to 1944, was released in Poland. *On Centaurs* captivated me with its wildness, and I soon began translating it, allowing the poet's world, saturated with gnashing teeth, metallic friction, and chimerical creatures, to flood my sensibilities. Through a poetics of short lines, broken with surgical precision, and longer lines slowing fluidly to an eerie stillness (see "Virginity" as an example), Ginczanka's control was astounding to behold. Ginczanka is also delightfully saucy, and I've had the fortune of cutting my teeth as a translator on some of the most rewarding and challenging poetry I've encountered. As a woman in my twenties, it has meant so much to live with Ginczanka's twenty-something sensuality and satire over the past few years, and it is sobering for me to contemplate that this book of translations will be released when I am twenty-eight, the age at which Ginczanka was killed.

—*Alex Braslavsky, December 2022*

Bibliography

Antosik-Piela, Maria. "Ginczanka Zuzanna." Wirtualny Sztetl. Accessed December 13, 2022.

Ginczanka, Zuzanna. *Ginczanka: Nie upilnuje mnie nikt.* Edited by Izolda Kiec. Warsaw: Marginesy, 2020.

Ginczanka, Zuzanna. "Na Marginesie." Essay. In *Wniebowstąpienie Ziemi*, edited by Tadeusz Dąbrowski. Wrocław: Biuro Literackie, 2016.

Ginczanka, Zuzanna. *Poezje zebrane (1931-1944).* Edited by Izolda Kiec. Warsaw: Marginesy, 2019.

Gliński, Mikołaj. "Zuzanna Ginczanka's Beauty & Brand." Culture.pl. March 17, 2014.

Kazmierski, Marek. "Invoking Zuzanna Ginczanka: Translation in a Time of Love & War." Culture.pl. May 4, 2017.

"W Krakówie obchody 100-lecia urodzin Zuzanny Ginczanki." Dzieje.pl. March 7, 2017.

Early Poems

Uczta wakacyjna

Na talerzu szarym ziemi, malowanym w zieleń trawy,
Mam sałatkę, przyrządzoną z kwiatów wonnych i jaskrawych,
I z naczynia w kształcie słońca, które formy swej nie zmieni,
Leje lato na nie ciepły i złocisty miód promieni.
W innej misie z szkła czarnego, niby nocnych chwil kryształy,
Leży banan półksiężyca żółty, gruby i dojrzały;
Lipiec suto obsypuje wnet firmament półksiężyca
Cukrem gwiazdek, których pełna jest wszechświata cukiernica.
Z przeźroczego dzbana piję niebo z pianką chmur – oczyma;
Lokaj-lato na swej tacy złotą dynię słońca trzyma.
Wgryzam się zębami uczuć w kraśne jabłka dni czerwonych
I do kosza serca chowam skórki wspomnień już zjedzonych.

1 października 1931

Holiday Feast

On a gray earthen plate, painted grass green,
I have a salad of fragrant bright flowers,
And from a dish shaped like a sun, its form unchanging,
Which pours out warm rays of golden honey.
In another bowl of glass, black like crystals of the night,
A banana lies yellow, thick, and ripe;
July soon showers the firmament of that crescent
With a powder of stars, that fill the universe's sugar bowl.
From a clear pitcher I drink in sky with foamed clouds—with my eyes;
The footman-summer holds the sun-pumpkin on his tray.
I bite with the teeth of my feelings into stolen apples of reddened days
And in the basket of my heart I hide the peels of memories already eaten.

October 1, 1931

Myśli przez błękitny kryształ

W dniach szukało się wróżby i znaków – chwile w mózgu pęczniały
znaczeniem –
– kształt obłoków w noc śniony przypadkiem mógł się wydać w południe
przejrzeniem

a wieczorem, gdy deszcz szemrał z dachem –
– już wietrzyło się gdzieś niespodziankę –
(sen mógł przyjść wraz z dziecinną modlitwą znalezioną bezładnie nad
rankiem)
– albo szło się za dwojgiem nieznanych
słuchać znanej – (pamiętasz?) – rozmowy –
(w deszcz, w szarugę i zimno wieczorne kwitły kwiaty wspomnieniem
liliowe)
– na zakrętach uliczek bez imion mogło zbraknąć – z przeczucia –
oddechu –
– lub stawało się nagle na jezdni: –
ktoś miał usta twojego uśmiechu! – –

– – – – – – – – – –

Potem myśli chwyciło się w dłonie,
chłodem szyb orzeźwiło się oczy
i wmówiło się sobie – na zimno, że Cię można ścianami otoczyć;
zapomniało się: myśli, jak dzieci, są za bardzo, za bardzo pijane
– i że drepczą w krąg muru stłumione
– i że patrzą na Ciebie przez ścianę – –

– – – – – – – – – –

Aż posnęły, bo przyszedł listopad,
bo wiatr lampą latarni się słaniał: –
dnie, jak znaki zmienione na drogach umęczyły bezsensem błąkania
– i wierzyło się będzie już spokój (przytłoczyło się słońce szarugą)
– więc wierzyło się: będzie już spokój –
– więc wierzyło się: będzie na długo – –

– – – – – – – – – –

Thoughts Through a Blue Crystal

In days, omens and signs were sought—moments in the brain swelled
    with meaning—
—the shape of the clouds dreamed by chance at night could have seemed
    like foreknowledge by noon

and in the evening when the rain murmured on the rooftop—
—already the surprise could be felt somewhere—
(sleep could come along with its childish prayer found loosened in the
    morning)
—or used to head after two strangers
to listen to the well-known—(remember?)—conversations—
(in the rain, in the gray weather and wintry evening bloomed flowers
    lilac with memory)
—in the bends of little streets with no names, one could lose—from
    a vague feeling—breath.
—or there used to stand suddenly on the road:
someone who had a mouth with your smile!— —
— — — — — — — — — —
They used to grab thoughts with their hands,
revitalize the eyes with the chill of windowpanes
and convince the self—coldly, that you could be surrounded by walls
it has been forgotten: thoughts, like children, are too, too drunk
—and that they tread muted, circling the wall
—and that they look at you through the wall— —
— — — — — — — — — —
Until they fell asleep because November came,
because the wind was staggering by the streetlamp—
days, like signs changed on the roads, tired with senseless wandering
—and peace will already be believed (sun rolled in through weather grays)
—so it was believed: there will already be peace—
—so it was believed: it will be for a long time— —
— — — — — — — — — —

Gdy się prawdą przysięga na kłamstwo, by w pół przeciąć, jak węzeł,
  zawiłość,
można poznać z bezwróżbnej rozmowy:
– w dniu, co minął bez znaków wróciłeś!
(ktoś wywrócił na biurko przypadkiem
krągłym kleksem stalowy atrament: –
wyrysuję z dwóch szyn kolejowych znów w dal mknących wężowy
  ornament.)
– – – – – – – – –

Jutro będzie wyblakłe, jak wczoraj – chmury będą pobladłe, jak płótno.
Wezmę siny i płytki w dłoń kryształ, by się stało mniej szaro i smutno –
spojrzę w chmury przez okno lazurowe w którym rzeźby złoceniem
  migocą;

chmury staną się niebem błękitnym
w którym gwiazdy ogromnie się złocą.
– – jak Twe oczy – –
(Pewnie nie wiesz Ty o tym zupełnie, czyś pomyślał choć o tym przez
  mgnienie?
to, że oczy masz *co dzień błękitne* jest mi wielkim, cudownym
  zdarzeniem –)

6 listopada 1932

When you swear in truth, as if to cut the lie in half, like a knot, an
	entanglement,
you can learn from an undivinating conversation:
—on the day that passed without signs you came back!
(someone overturned on the desk by accident
in a round blot steel ink—
I will draw a snake ornament again in long distances from two railroad
	tracks.)
— — — — — — — — — —

Tomorrow will have faded, like yesterday—the clouds pallid, like a canvas.
I will take a blue and shallow crystal in hand so that all's less gray, sad—
I'll peer at clouds through the window, azure where gilded sculptures
	glitter;

the clouds do become a blue sky
in which the stars vastly gild.
— —like Your eyes— —
(Probably You don't know about it at all, have you even thought of it in a
	blink?
that you have eyes *blue each day* is grand to me, a miraculous event—)

November 6, 1932

Erotofizyka

Osiemdziesiąt dób średnich zwiśnie w przeszłość bezwładnie,
Osiemdziesiąt dób średnich miłość twą ukradnie:
Między wrzosem liliowym a naszybnym, namroźnym
Wektor serca kołuje ruchem wciąż krzywodrożnym.
Sama siebie uprzedzam, że przybędę spóźniona
(Akcja równa reakcji: trzecie prawo Newtona)
Pewnie będziesz żałował róż wplecionych w pacierze –
I rzucanych o zmierzchu – i żeś kochał mnie – wierzę.
Lecz nie pragnę koniecznie liczyć wspólnych wieczorów;
Z równań uczuć wykreślę siłę twego oporu.
W kinetycznej miłości kwitnie bez – naturalnie
Ale mnie to wystarcza: kochać się potencjalnie.
A gdy miłość ma zacznie pęcznieć przyspieszenie
I zaciąży mi zbytnio w grudniu miękkim złocieniem,
Pójdę sobie na równik poza sinawe powietrze,
Wszak tam serce też waży mniej – na dynamometrze?!

6 grudnia 1932

Erotophysics

Eighty average days will hang into the past, inert,
Eighty average days steal your love:
Between the lilac heather and the glassy, frosted panes
The heart's vector circles with an ever-askew motion
I warn myself, that I will arrive late
Action equals reaction: Newton's third law
Surely you will regret those roses woven in prayer—
And cast off at dusk—and that you loved me—I believe.
　But I don't necessarily want to count mutual evenings;
　From the equations of feelings I will plot the strength of your resistance,
　In this kinetic love lilac blooms—naturally.
　But for me it's enough to be potentially in love.
And when my love starts to swell with acceleration,
And it weighs me down too much in December with soft chrysanthemum,
I will take myself to the equator, beyond the blue air
After all, there the heart also weighs less—on a dynamometer?!

December 6, 1932

Sierpniowa mięta w grudniowym ranku

Elektryczność żółtawa, zmęczona pieści z wstrętem anemię poranka –
dobrze byłoby skwiecić na chwilach letni sen o zielonych altankach
Mechanicznie przewraca się kartki
kolejnością
szelestów
skrzypiących
(– a w południa sierpniowe na skwerach żwir i żużle też
      skrzypią – gorące)

Szukam? –
– w nocy znalazłam pytanie –
tylko nie wiem, jak brzmi ono w mowie;
na przypadkiem otwartej stronicy chcę odnaleźć nieznaną odpowiedź.
Poplot słów niełączących się nigdy nieprzyjaźnie spogląda na siebie.
Szukam?
w słowach bezładnych, przytrafnych
coś odrodzę –
coś stworzę, –
coś zgrzebię –

Mechanicznie przewraca się kartki –
po kolei –
tak, tak –
po kolei;
zdania mgłą się szarawym zwątpieniem,
zdania błyszczą błękitną nadzieją – –
Szukam?
zdania ścierają się milcząc –
Szukam?
zdania się niszczą nawzajem –
(dobrze byłoby chwile okwiecić)
Szukam?

August Mint on a December Morning

Electricity, yellowish, tired caresses with revulsion the anemia of morning—
it would be good for a moment to fill out the summer dream of blooming
    green arbors
Mechanically you turn the pages
in the order
the rustling—
of creaking
(and on August afternoons the gravel and cinders also creak on the
    squares—searing)

I'm searching?
—in the night I found the question—
I just don't know how it sounds spoken;
in an accidentally opened folio I want to find an unknown answer
A tangle of never-connecting words regards itself coldly—
I am searching?
in disorderly, random words
I will revive something—
I will create something—
I will bury something—

Mechanically you turn the pages
one by one—
yes, yes—
one by one;
the sentences fog up with grayish doubt,
the sentences shine up with blue hope— —
I'm searching?
the sentences clash silently—
I'm searching?
the sentences mutually destroy each other
(it would be well to adorn the moment with flowers)
I'm searching?

w nocy znalazłam pytanie.
Z przedostatniej złożonej wpół kartki,
z przedostatniej stronicy wymiętej –
wypadł cienki, pobladły – liliowo, *zasuszony sierpniowy kwiat mięty.*

25 grudnia 1932

in the night I found the question.
Out of the penultimate half-folded sheet,
out of the penultimate crumpled page,
fell a fine, faded, lily-white—lilac-colored, *dried August mint flower.*

December 25, 1932

Bajeczka o szczęściu maskotki

I.

Chyba znacie: – śmieszniutka maskotka
– szary Mickey w czerwonych majtaskach –
tors – aksamit gładziutki błyszczący
– tak się chce go paluszkiem pogłaskać!
W rękawiczkach niebieskich rączęta i zbyt długie i sztywne kulaski,
oczka lśniące –
– czarniutkie bisiorki –
– a zaś w brzuszku mechanizm półpłaski;
trzeba mocno nakręcić sprężynkę
siedem razy –
lub osiem –
lub dziewięć,
Wtedy Mickey
kozłuje i fika – –

II.

O konstrukcji maszynki nic nie wiem.
Wiem to tylko, że Mickey się kocha;
jego miłość ma oczy z jaspisu –
– mały cudek współczesnej maszynki śni o szczęściu pobladłych
    markizów.

III.

Ukochana odwiedza go co noc, kiedy w ciemność spływają kontury.
Cichuteńko rozgląda się wkoło i wybiega zwinniutko z swej dziury.
Chyba wiecie już, kim jest ta „ona" – zwykłą myszką
(truć myszy trza jadem!)
lecz dla Mickey jest ona królewną
i zakwita w różową balladę.

Tale of the Plush Toy's Luck

I.

You probably know: that goofy little figurine
—gray Mickey in his little red shorts—
His torso so smooth velvet and shiny
—you want to poke him with your finger!
handles and spheres too long and stiff in their blue gloveseyes shining—
—black byssus—
—and in his belly, a half-flat mechanism;
you have to wind the spring tight
seven times—
or eight—
or nine,
Then Mickey
swings and flicks— —

II.

I don't know anything about the construction of the machine.
All I know is that Mickey is in love;
his love has eyes of jasper
—little wonder of modern razor dreams of pale princes' happiness.

III.

His beloved visits every night, when silhouettes flow into darkness.
Quietly she looks around and runs nimbly out of her hole.
I guess you already know who this "she" is—an ordinary mouse
(one must poison mice with venom!)
but to Mickey she's royalty
and blooms pink as a ballad.

IV.

Co noc myszka najada się bułki w wpółotwartym bufecie do woli,
potem skacze prędziutko stęskniona na krzesełko –
a potem na stolik –
Mija małpki
flakony –
i pieski –
potem szklane omija, drżąc kotki –
wreszcie płonąc, – wstydliwa i słodka,
tkliwie łebek całuje maskotki

V.

Lecz wiedziałam: *on* nie był szczęśliwy –
płakał nawet –
wiedziałam na pewno!
Musiał przecież wciąż siedzieć bez ruchu
no – i nie mógł całować królewny –
Więc zechciałam najlepiej, najlepiej –
Któż mógł wiedzieć, że tak to się stanie!?
Nakręciłam malutką maskotkę raz przed jednym północnym spotkaniem.

VI.

Przyszła myszka, jak zwykle cichutko i wskoczyła na płytę stolika.
No, – a Mickey jak zaczął kozłować –
i przewracać się,
tarzać –
i fikać!
No – i myszka uciekła w mig piszcząc
i nie przyszła już nigdy doń w gości –
A ja chciałam mu szczęście wszak przynieść, bo mi szczęście
przynosił w miłości.

6 stycznia 1933

38

IV.

Every night the mousie eats a roll in the half-open buffet to her heart's
    content,
then leaps longingly toward a weensie chair—
and then to the teensie table—
She passes the monkeys
bottles—
and doggies—
then flies past glass, quivering cats—
finally burning, shy and sweet,
then tenderly kisses the head of the figurine

V.

But I could tell: *he* was not happy—
he even wept—
I knew it for certain!
He had to sit still,
well—and he couldn't kiss the princess—
So I wanted the best, the best—
Whosoever could have known this would happen?!
I wound up the tiny mascot before one midnight meeting.

VI.

The mouse came, quiet as ever, and jumped up on the table-slab.
Well, as for Mickey, he began to bounce—
and roll over,
trundling—
and flipping!
And then the mouse ran away squealing
and never came to visit him again—
And I wanted to bring him luck, because it was he who brought me
luck in love.

January 6, 1933

Mądrość najmądrzejsza

Mądrość Twa se siedzi w białym kitlu – nad książkami,
jak święty turecki
i chce pojąć życia sens z literek mózgu chwytem liczbowo-zdradzieckim –
– moja mądrość szwenda się po świecie,
jak ciekawski, zagapiony dzieciak
i nazywa wszystko imionami –
i odkrywa prawdy sprzed stulecia.

Ale cóż obchodzą te mądrości nas, płynących rozelśnioną rzeką –
przecie obie takie są niemądre,
nie tętniące krwi najżywszą spieką –
My patrzymy na drobniutkie fale złote w każdej krawędzi konturze
wiedząc jedno – :
rzeka płynie z słońca, które nam do serc przez wzrok się wdłuża. –

23 stycznia 1933

Wisdom Wise

Your Wisdom sits in a white smock—over books,
like a Turkish saint
wants to grasp the meaning of life from brain letters with a treacherous
      numbers trick—
—my wisdom is wandering about the world,
like an inquisitive, confused child
calling everything by name—
discovering truths from a century ago.

    But what do these wisdoms matter to us, flowing down the roiling river—
    they're both so foolish,
    not throbbing with earnest blood—
    We look at the tiny waves golden in each edge's contour
    knowing one thing:
    the river flows from the sun, which elongates in our hearts by sight. —

January 23, 1933

Wiersz o radosnym czekaniu

Przybiorę swój pokoiczek – czyściutko, bialutko, ładniutko,
owinę alpejskie fiołki niebieską, miętą bibułką –
(niebieska mięta bibułka Kaśkinym gustem wzrok pieści,
niebieska mięta bibułka tak pachnie, jak samo szczęście. –)

Przypnę do biurka pinezki, błyszczące nowe pinezki,
a z biurka zetrę starannie kreślone ołówkiem kreski –
(być może stare wrażenie znów oradośni mnie błyskiem:
tak chce się zostać dorosłą, a życie jest zwykłe i bliskie –)

A potem usiądę sobie i będę tylko czekała,
mój uprzątnięty pokoik cichutki się będzie stawał –
(nie mówcie, że nie ma sensu takie bezdenne czekanie,
bo przecie – myślę tak sobie – raz wreszcie coś się odstanie –)

Więc czekam tak tylko – i biały czeka pokoik –
być może ktoś w drzwi zapuka – – ? i tak czekamy we dwoje –
(Są różne, różne pukania, jak różne, różne są dłonie,
a słyszę wszystkie, prócz tego, któremu echem się skłonię –)

Za oknem na cienkich drutach wróbelki siadły kapelą,
jak nuty na czarnych liniach stakaccą catta we trele –
(Melodia mego czekania – błąka się radość po mieście –
niebieska mięta bibułka tak pachnie, jak samo szczęście)

12 lutego 1933

Poem of Joyful Waiting

I'll adorn my little room—clean, white, pretty,
I'll wrap alpine violets in mint blue tissue paper—
(peppermint blue tissue paper caresses the eye with its taste,
mint blue tissue paper wafts of happiness itself—)

   I'll fasten pins to my desk, shiny new pins,
   and I'll wipe the carefully drawn pencil lines off the desk—
   (perhaps the old impression will thrill me with its gleam again:
   this is how you want to grow up, and life is ordinary and intimate—)

And then I will sit back and just wait,
my tidy little room will grow quiet—
(don't tell me there's no point in such waiting enveloping me,
because after all—I think to myself—for once something will
     finally happen—)

   So I just wait—and the white-walled room waits—
   Maybe someone will knock at the door— —? And so the two of us wait—
   (They are various, various knocks, like various, various hands,
   but I hear them all, except for the one I echo—)

Outside the window on thin wires the sparrows sit in a band,
like notes on black lines staccato-cato in treble—
(The melody of my waiting—joy roves through the city—
and mint blue tissue paper wafts of happiness itself)

February 12, 1933

Przyszło

(Przyszło dziś do mnie dzieciństwo w niedoścignioność się rozwłóczyć)
Były kiedyś pełne szuflady babcinych kluczy –
zardzewiałych i lśniących –
grubych i cienkich – –
można było na nich wygwizdać różne piosenki.
Niektóre miały basowość ociężałych trzmieli
inne dudnienie syrenich gardzieli,
ale najwięcej było takich, co piiiiszczały wysoko
ciiiieniiiiutko – leciiiiutko
w ciiiszy,
jak myszy.
Krótko, stalowo, dźwięcznie uderzały o siebie,
klucze od nieistniejących, pogubionych, żadnych drzwi;
czasem były rude od rdzy,
czasem zielone od pleśni.
(Przyszło dziś do mnie dzieciństwo w niemożliwość się prześnić)

A potem znalazłam drzwi do kluczy, które się pogubiło,
bo każda godzina życia miała ciężki zamek,
a każdy dzień miał swą niedomkniętą zawiłość –
zagubiły się gdzieś pęki
czarodziejskich kluczy,
na których gwizdałam naiwne piosenki –
malutkie, rzewne pieśni – –

(Przyszło dziś do mnie dzieciństwo w niedoścignioność się rozwłóczyć,
przyszło dziś do mnie dzieciństwo w niemożliwość się prześnić)

2 marca 1933

Then Came

(Today childhood came to me unraveling into the unsurpassed)
There used to be drawers full of grandma's keys—
rusty and shiny—
thick and thin—
you could whistle all kinds of tunes on them.
Some had the din of heavy bumblebees
some the rumble of a mermaid's throat,
but most were ones that whistled high
finnnely—slighttttly
in sillllence,
like mice.
Quick, steely, sonorous, they struck against one another,
the keys to nonexistent, lost, non-doors;
sometimes red from rust,
sometimes mildew green.
(Today childhood came to me in the impossibility of getting through.)

And then I found the door for the lost key,
because every hour of life had a heavy lock,
and every day had its unclasped intricacy—
lost somewhere, a bunch
of mystical keys
upon which I whistled naive songs—
tiny, languorous songs— —

(Today childhood came to me unraveling, into the unsurpassed,
Today childhood came to mein the impossibility of getting through)

March 2, 1933

45

Przepis na prostotę życia

Brukom ulic się dziwić przez okna, liczyć wrony i łykać dzisiejszość,
wszystkie myśli odrzucać od siebie i zostawiać jedynie najmniejszą,
nie nazywać niczego słowami, nie wyplatać ze wzruszeń określeń,
nie wpisywać w zeszyty spostrzeżeń, definicji nie sączyć z uniesień. –

Nie ozdabiać się rzewnowzdychliwie w beznadziejność twarzowo przezłotą,
rozczochranych, cygańskich tęsknotek nie nazywać liliową tęsknotą,
nie przyjmować odwiedzin wspomnienia, które łzawi się zwykle półpłacząc,
nie hodować w doniczce miłości i nie skrapiać snów wonną rozpaczą. –

Łapać muchy i ziewać szeroko; nie odnawiać skończonych rozdziałów –
i nie zbierać kolekcji ze spleenów, autografów i zgasłych zapałów – –
– – łykać ranki hałaśną radością i na dłoniach podawać im serce,
a wieczorem zasypiać w prostocie, jak w dziecinnej mięciutkiej kołderce.

4 *marca* 1933

Recipe for a Simple Life

To wonder, peering through windows at paved streets, to count the crows
    and swallow the present,
to throw away all thoughts and leave only the smallest,
not to name anything in words, not to weave terms out of emotions,
not write insights into notebooks, not squeeze definitions from exultation. —

Not to adorn oneself with a gloved face in hopelessness,
not call disheveled, gypsy longings lily-colored longings,
not accept the visitation of a memory that tears usually half weeping,
not grow a pot of love and sprinkle dreams with fragrant despair. —

Catch flies and yawn wide; not renew finished chapters—
and not gather a collection of spleens, autographs and extinguished
    enthusiasms— —
— —to swallow the mornings with noisy joy and palm their hearts,
and fall asleep in the evening in simplicity, like a child's quilt, soft.

March 4, 1933

Zielnik do wypełnienia

A na pierwszą kartkę wkleił się złociście zapach letnio pszczelny
(czasami się zbiera słów bezprzyczynowych i rozmarzeń zielnik)

A na drugiej kartce strzępi się pytanie zielem tajemniczym:
„Czemu zwykle w bajkach mają złote włosy wszyscy królewicze?"

A na innych kartkach (każdy cal przeszłości ma swą parabolę)
kwiaty zasuszone blakną w świetle czasu różnych barw symbolem.

A ostatnia kartka była ciągle pusta – ciągle, aż do wczoraj:
w całkiem obcym mieście zakwitł mi przypadkiem pewien kwiat w
    wieczorach –

I znów pachnie w marcu nieznajomy kwiecień szczęściem na wpół
    chmielnym
(czasami się zbiera słów bezprzyczynowych i rozmarzeń zielnik)

19 marca 1933

An Herbarium, To Be Filled

And pasted on the first sheet was the goldenly fragrance, summer
        beeproof
(sometimes you gather words without cause, and an herbarium of
        dreams)

And on the second sheet a question shreds with its mystery herb:
"Why is it that usually in fairy tales all the crown princes have
        golden hair?"

And on other sheets (every inch of the past has a parabola of its own)
dried flowers fade in the light of time, symbol of other colors.

And the last sheet was constantly blank—at least, until yesterday:
in a completely strange city, a certain flower bloomed for me on chance
        evenings—

And with March again, an unknown April wafts of half-malt happiness
(sometimes you gather words without cause, and an herbarium of dreams)

March 19, 1933

* * *

A pójdę chyba przed siebie wiejsko-słoneczną ulicą,
gdzie bruzdy świeżo wgłębione wprost w nieba wschód się przemycą –
a pójdę chyba też na wschód słoneczną drogą po piachu
(słońce pękatość potoczy po mojej drodze na zachód)

Na prawo wiosenny roztop zabłyszczy, jak szklana tafla,
na horyzoncie – na lewo płaskość rozwinie się w wachlarz
zasmucę się: na tej łące samotnej w jasności ranka
nie wyląduje przede mną samolot Twój – niespodzianko. –

Łąki czekają bezwiedne, jak blade, zmęczone twarze,
miast ciebie – pilota zdarzeń, jest pustka pilot niezdarzeń.
Zrywam w garść gałąź świerkową, zieloną, pęcznie stokrotną
i gryzy igły tak cierpkie, jak przedkwietniowa samotność.

29 marca 1933

* * *

And I think I'll go ahead of me down a country-sunny street,
where furrows freshly cut into the eastern sky will sweep—
and I'll probably go east on a sun-filled, sandy road
(the sun will roll bulbous down my path to the west)

On the right the spring melt will glisten, like a glass sheet,
on the horizon—on the left—the flatness will unfurl into a fan
I will grow sad: on this lonely meadow in the brightness of morning
your plane will not land before me—o, Surprise.

The meadows wait faithlessly, like pale, tired faces,
Instead of you, the pilot of events, there is a void, the pilot of non-events,
I hold a plucked spruce branch by the fist-full—green, swollen a hundred-fold
and biting needles, tart as solitude before April.

March 29, 1933

Projekt wiersza o liliowym słoniu

...aż znudzi mi się w starych słowach przesiewać wyszarzałą skargę,
...aż znudzi się żonglerka uczuć i rzut miłosnym bumerangiem,
...aż znudzi mi się nową wiosnę corocznie z biciem serca witać,
i myśleć, że to moja miłość na polach fiołkom każę skwitać –
  a wtedy spokój się rozleje, jak woda we mnie i wkoło mnie,
  przestanę się w kąciku sofy zaciągać wonnym dymem wspomnień,
  przestanę już zwyczajem smutnych bezdźwięcznie imię w myślach jąkać
  i żadna miłość mi nie każę zielonych pęknięć szukać w pąkach.
wtedy napiszę wam legendę o fioletowym, bzowym słoniu
(stare tematy: smutek, serce – jak chmury wiatrem się rozgonią)
a będę pisać ją w języku Czikczików z siódmej części świata
(Jakie to nudne: wciąż te same wyrazy splatać i rozplatać)
  „Liliowy, fioletowy słoń bum-takdżon iktingi fiu likoku
  liliowy, bzowy piękny słoń kul-czikfin irtringi fiu dżiktoku –
  (ostatnie zdanie –, proszę państwa, w przepięknej mowie tych
    Czikczików –
  – to wytrych wszystkich szczęścia zamków – to sens i mądrość słów
    bez liku)

3 maja 1933

Draft of a Poem About a Lilac Elephant

...until I grow weary of sifting through old words in a faded complaint,
...until I get tired of juggling feelings and tossing the boomerang of love,
...until I get tired of greeting the new spring every year with a heartbeat,
and think that it's my love in the fields that will bloom violets—
   and then peace will spread like water inside and around me,
   I'll stop inhaling the fragrant smoke of memories in the sofa's crook,
   I'll now stop stammering my name soundlessly in my sad mind
   and no love will make me look for green creases in buds.
Then I will write you the legend of the violet, lilac elephant
(old themes: sadness, heart—as the clouds are blown away by the wind)
and I will write it in the Chikchik language of the seventh world
(How tedious it is: to weave and unweave the same words again and again)
   "Lilac, violet elephant bum-takdzon iktingi fiu likoku
   lilac, violet beautiful kul-czikfin irtringi fiu dziktoku—
   (the last sentence, ladies and gentlemen—in the beautiful speech of these
      Chikchiks—
   is the key to all happiness of castles, the meaning and wisdom of
      countless words)

May 3, 1933

Tajemniczkowa tajemnica

Rozwiązuję rebusy z gałązkowych wycieni powikłanych ukośnie
i przez żółty blask piachu – przez płot szaro-wilgotny przeciągniętych na
    oślep,
– gram w zielone z kasztanem, z kiełkującą pobladle trawką w bruków
    szczelinach –
...a nietrudno zapomnieć, gdy nie trzeba pamiętać, że nie wolno
    wspominać.

Wylatują poranki – tłumne, srebrne, radosne z moich dłoni – gołębnie.
Czy widzieliście, ludzie, jak beztroska zakwita sasankowo-poddębnie,
czy widzieliście, ludzie, że serduszkiem zakwita tajemniczek pod
    gajem?
...a zerwałam go, ludzie, lecz nikomu nie powiem – nawet wam nie
    rozbaję.

8 maja 1933

Mystery of Mystery

I am solving a rebus of twigged shadows gnarled diagonally
and through the yellow glow of sand—over a gray-humid fence dragged
    blindly,
—I play green with the chestnut, with the grass sprouting pale in the
    cobblestone cracks—
...and it's not hard to forget when you don't have to remember not
    to remember.

    The mornings fly out—crowded, silver, joyous from my palms—
        dove-like.
    Have you all seen how a carefree pasqueflower-underbrush blooms,
    Have you all seen that the mysteriac in the grove is blooming with a heart?
    ...and I plucked it, everyone, but I won't tell a soul—I won't even tell you
        the tale.

May 8, 1933

Koniec świata

Przekraśne wiśnie, czerwone jabłka i rubinowe, pachnące serca
w zgięciach gałęzi toczą dojrzałość pocięte w słodkim spóźnieniu
    czerwca –
– przebieram ręką kity badyli i czeszę dłonią chwaściastą zieleń –
łagodna dobroć z milczącą ciszą w oddali we mgle siwej się ściele...

Czekam bezwładnie, czekam na wieczór,
który mi zalśni w księżyca mieczu –
czekam bezwolnie, czekam na noce,
które się zsuną na kwietne zbocze,
czekam boleśnie, czekam bezsennie
aż dni i ranki przymkną promiennie,
a gdy się spełnia moje czekanie,
wiem, że nie na nie czekam, nie na nie –

W snu rzadkich przerwach,
w napiętych nerwach
w chaos cierpienia
cisza się zmienia...
w skupieniu szarym
stoją zegary – –
– – lecz w bzów alejach
    kwitnie nadzieja – –
z kwiatami,
z bzami,
z godziną
płynął –
bzów kiście
w świście
zerwał
i zginął – –
wiatr

World's End

Piercing cherries, red apples, and ruby, fragrant hearts,
in the bending branches they unfurl a maturity cut in the sweet delay
     of June—
I pick my hand through bramble and comb weedy greenery with my palm—
far off in the graying mist, gentle goodness and silent silence littered about...

I wait inert, I wait for an evening
that will shine for me in the moon's hilt—
I wait passive, I wait for nights
that will slide down the floral hillside.
I wait painfully, I wait sleeplessly
until the days and mornings close radiant,
and when my wait is being fulfilled,
I know that I'm not waiting for them, not for them—

In sleep's rare intervals,
in nerves tensed
into a suffering chaos
the silence turns...
in a concentration of gray
clocks loom— —
— —but in lilac alleys
     hope blooms— —
with flowers,
with lilacs,
with the hour
of flow—
bustles of lilacs
in a whistle
the wind
broke
and died—

O czterolistnych
kwiatach koniczyn,
smukłych strzelistych
liliach dziewiczych
i bzowych kwiatkach
o pięciu płatkach
o łzie najczystszej –
synkopie ciszy
opowiem

Były raz żółte, miedziane gwiazdy,
upadły z brzękiem w pokrzywie chwasty –
na płaskim liściu głucha i krzywa
dźwiga je jedna smutna pokrzywa –
był raz księżyc, co się przepalał,
aż się zamienił w okrągły talar –
upadł z dzwonieniem na wierzby wierzchoł
i tam zasypia sobie o zmierzchu –
Została tylko jedna dziewczyna biała, samotna, cicha i blada
chodzi po świecie, chodzi po świecie i szepce, szepce: – już koniec świata? –
chodzi po świecie, chodzi po świecie, po wyszarzałym, zgasłym popiele – –
łagodna dobroć z milczącą ciszą w oddali we mgle siwej się ściele...

1 czerwca 1933

The four-leaf
clover blossoms,
the slender, towering
virgin lilies,
and five-petaled pleats
of lilac blossoms,
the purest teardrop—
a syncopation of silence
that I will recount

Once there were yellow, coppery stars
that fell with a clang among the nettles—
a deaf and crooked
lone sad nettle bearing them upon its flat leaf—
once there was a moon burning through,
until it turned into a round thaler—
it fell ringing atop a willow
and there it falls asleep at dusk—
There is only one girl left—fair, alone, silent and pale
she walks about the world, walks about the world and whispers, whispers:
    world's end, already?
she walks about the world, walks about the world, along grayed out,
    extinguished ash— —
far off in the graying mist, gentle goodness and silent silence littered about...

June 1, 1933

Żyzność sierpniowa

– – o blade matki rumianych dzieci, o żyzne, dumne, radosne matki,
pójdziecie zrywać soczystość wiśni w dłonie od pieszczot dziecięcych
    gładkie –
pójdziecie w skwarze święcić sierpniowo serc urodzajnych żyzne
    pokłosie,
pójdziecie boso wielbić stopami rozpuchły, tłusty, skibny czarnoziem –
Widziałam usta (jak miąższ owoców) wiejskich półsennie leniwych
    dziewczyn.
W dźwięczącym cieple śpiących ogrodów drzemie nostalgia w niciach
    pajęczyn –
W agrestach sadów kiełkują sokiem sekundy nagłych, wonnych dojrzewań.
– – pójdziecie zbierać w nozdrza zapachy złocistych żywic na ciepłych
    drzewach – –
W południa słodkie słonecznych zawiej idźcie i świętość rodzenia głoście,
w źdźbła żyta patrzcie z śmiechem pod słońce, jak w chleb codzienny
    letniej radości –
wolno wam chwalić koniec przekwitań, który się staje początkiem
    stwarzań.
(Wszystko przemija – nic się nie kończy w spiekocie słońca, która
    przetwarza).
A nocą bierzcie słomiane kosze i rozmarzenie weźcie bez granic –
– pójdziecie święcić czerwonych jabłek i snów dojrzałych owocobranie,
W gałęziach gruszy zawisł wam księżyc, jak choinkowe złociste czółno,
a w wargach malin milczą legendy o sercach, które skrwawiła północ – –

1933

August Fertility

O pale mothers of blushing children, o fertile, proud, joyful mothers,
you will go and pluck plump cherries with your hands, smooth from
      children's caresses—
you will go in the August heat to celebrate the fertile wheat of plentiful
      hearts
you will go barefoot to worship the swollen, fat, sandy black earth with
      your feet— —
I saw the lips (like fruit pulp) of country girls, half asleep and languorous.
In the resounding warmth of sleeping gardens nostalgia slumbers in
      cobweb threads—
Within orchard gooseberries seconds of sudden, fragrant ripening sprout
      with sap.
—you will go and gather in your nostrils golden resin scents from warm
      trees— —
In midday's sweet sunny winds, go and proclaim the holiness of giving birth,
in blades of rye, look with laughter below the sun, as upon the daily bread
      of summer joy—
you can praise the end of bloom, which becomes creation's beginning.
(Everything passes away—nothing ends in the processing of parched sun).
And at night take up straw baskets and grasp languor without limit—
—you will go and celebrate apples crimson and dreams of ripe fruitbearing.
In the branches of the pear tree hangs your moon, like a Christmas tree
      gilded dugout,
and in the lips of raspberries are silent legends of hearts beld by
      midnight— —

Wniebowstąpienie Ziemi

Ściągnąć, zerwać, zmiąć chmury
jak zwiotczały płat skóry –
niech roztopi was słońce,
niech was spali gorącem –

Ściągnąć, zerwać wam twarze obojętnie obłudne – –
krzyczcie raczej nienawiść przenajkrwiściej okrutną –
roztaczajcie się, niszczcie,
świat na miazgę przegryźcie,
wyładujcie się w wolty i jak wiry się zwirzcie,
wszystko, wszystko stłumione w krwi rozburzcie na pianę,
rwijcie modlitw różaniec,
wpląszcie w szczerość jak w taniec,
zachłyśnijcie się pianą,
tym, co z życiem wam dano,
w ogniu własnym się sprażcie
i swą prawdą zaraźcie
glob.

Ziemia tłusta najżyźniej
na odwieczność zagwiżdże,
rzuci tor wkoło słońca,
zacznie gwiazdy roztrącać –
rozszaleje się wolna:
rzeczna, leśna i polna
i w krwi własnej pożogach – –
– – spadnie kornie do Boga –
– – – – – – – – – – – – –

(niewolo – pokoro miłości!)
najciszej, – najzwyklej, – najprościej –

6 września 1933

Ascension of the Earth

Pull down, tear down, crush clouds
like a flabby cicatrix—
let the sun melt you,
burn you with heat—

Pull down, tear off your faces indifferently hypocritical— —
shriek rather hatred most red-hued in cruelty—
spread out, destroy,
bite the world to a pulp,
unload yourselves in vortices and swirl as whirlpools,
all, everything suppressed in blood, burst into foam,
tear up the rosary of prayers,
weave in sincerity like a dance,
choke on the froth,
on what life has given you,
in your own fire, burn yourselves
and with your truth infect
the globe.

The fat earth is most fertile,
it will whistle for eternity,
...will throw a track around the sun..,
and begin to shake the stars—
it will rage free:
of river, forest and field
and in the fires of its own blood—
— —fall down in worship to God—
— — — — — — — — — — — — — —
(slavery—humility of love!)
the quietest—the plainest—the simplest—

September 6, 1933

Dwa październiki

Tragiczność

Był patos, który przeciekł przez palce – i mrok wtulonych w noce
   zaułków
i było zbłąkanie dociekań i pozmierzch, co księżyc z blachy ukuł –
była cicha religia wspomnienia i pacierze o rozpacz zapomnień
były chwile nieznaczne – nieznaczne wypłukane w wieczności ogromie;

kochało się wtedy bladość więdnięcia i pochmurność najwęższych ulic –
w łez wieczornie zawiłe alchemie dachy domów się chciało utulić –
uwieczniało się nocy półpłynność (przypomnienie zapomnianych walców)
patrzyło się długo przez okno. Był patos, który przeciekał przez palce.

Beztroska

Mam treść do słów, które nie istnieją,
mam dziwaczne słowa, które nie mają treści – –
odetchnij szeroko – szeroko i pomyśl
(sepio – złocistości – chromie – słońca)
ile oddechów niebo może zmieścić – –
Odchylić głowę w praistnienie – tak – wyciągnąć dłonie w przyszłą
   wieczność – tak –
radość rozrośnie się, rozpryśnie – tak – jak szkło przegwiezdno,
   przesłoneczno – tak –
mam setki maluteńkich pytań – tak? – i głód tajemnic i
   zapewnień – tak? –
jest słodycz, która w palcach szemrze – tak? – jest w dłoniach coś, co
   spływa rzewnie. Tak.

25 *września* 1933

Two Octobers

Tragedy

There was pathos that slipped through fingers—and the dusk of
     backstreets tucked into the night
and there was the stray of inquiries and the twilight that the moon
     forged out of sheet metal—
there was the silent religion of memories and the prayers of forgetful
     despair
there were insignificant moments—insignificant, awash in eternity's
     vastness;

then the pale withering and the cloudiness of narrowest streets was loved—
and then one wanted to lull the roofs of houses in the intricate evening
     alchemy of tears—
the night's partial fluidity immortalized (a reminder of forgotten waltzes),
looking out of the window for a long time. There was pathos that slipped
     through fingers.

Carefree

I bring substance to words that don't exist,
I have bizarre words, which have no essence— —
breathe wide—widely and think
(sepia—gold—chromium—of the sun)
how many breaths the sky can hold—
Tilt your head into pre-existence—yes—stretch your hands into future
     eternity—yes—
joy will expand, shatter—yes—like super-astral, super-solar glass—yes—
I have hundreds of tiny questions—yes?— —and a hunger for secrets and
     reliefs—yes?—
there is a sweetness that murmurs in my fingers—yes?—something in my
     palms that flows dolefully. Yes.

September 25, 1933

Kulistość

Żyd wieczny tułacz

Gdziekolwiek pójdę – zawsze będzie: naprzód –
a każde naprzód przywiedzie mnie z powrotem –
(ziemio – –)
w pobrylu bezkrawędźnym obłędy bezsił drzemią
obłędy niespokojne ucieczek kołowrotnych
(ziemio – –)
bo każdy odpoczynek Eurazji i Afryk
jest tylko bezprzystanią, – tylko bezprzystanią –
gdziekolwiek spocznę – zawsze będzie: naprzód
a każde naprzód powrotem się stanie –
(ziemio – –)
a zawsze będzie żądza serce zakotwiczyć
a zawsze będzie żądza w wędrówce: słodki powrót
(jest droga przekrążąca rozświeconych planet
i jest wskazówek z srebra zegarowy obrót,
ziemio – –)

Miłość
Dawniej:
patrzyłem na markizę, na piersi z porcelany
na krągłość dziewczęco najpiękniejszej szyi
(czasie – –)

Potem:
przesiewałem przez losy cząstki życia czyjeś
i kochałem aforyzm z łez serca stapiany
(czasie – –)
Dziś jest znowu markiza w niespotkania atłasie, –
dziś jest znów moderato księżycowej fantazji:
są powroty do tego, czego nigdy nie było –
(czasie – –)

29 września 1933

Sphericity

Wandering Jew
Wherever I go—there will always be a forward—
and every step forward will bring me back—
(o earth— —)
in the borderless scribble, madnesses slumber without power
inquiet madnesses of circular escapes
(o earth— —)
because every bit of rest in Eurasia and Africa
is merely unattainable—merely unattainable—
wherever I rest—it will always be: forward
and every procession becomes a return—
(o earth— —)
and there will always be a desire to anchor the heart
and there will always be a wanderlust: sweet return
(there is a path traversing the lit planets
and there is the deasil of a silver clock's turning,
o earth— —)

Love
Formerly:
I looked at the marquise, at the breasts of porcelain,
on at the fullness of a girl's most beautiful neck
(o time— —)

Then:
I sifted through the particulate fates of another's life
and loved an aphorism melted from heart tears
(o time— —)
Today there is again a marquise in this satin of unmeeting—
Today there is again the moderato of a lunar fantasy:
there are returns to what never was—
(o time— —)

September 29, 1933

Kobieta

Szukam w myśli warg męskich, by ramion go skuć oplotem,
gdy w dusznej bezsenności sekundy wybija szloch –
– a teraz zaciśnij usta i chłodno, twardo mnie potęp:
oto masz moje noce, gołe, wyłuskane jak groch.

We dnie chcę głód rozbudzać ręki cielistym dotykiem –
znam już tę mękę: odczuć tętnic najkrwistszy rdzeń
– a teraz odwróć oczy i babą mnie okrzyknij:
oto masz prawd obnażonych mój desperacki dzień.

Spotkany przechodni wzrok serce rozsadza jak drożdże
(blady, dzienny półksiężyc przekleństwa mego strzegł)
– zrozum, że to jest zew dzieci czerwone rodzić:
oto jest moja świętość i oto jest mój grzech.

19 listopada 1933

Woman

I'm searching my thoughts for a man's lips, to bind his arms in a braid,
when in the stifling sleeplessness of a second a sob breaks out—
—and now purse your lips and coolly, firmly condemn me:
here you have my nights—bare, shelled like peas.

    During the day I want to arouse my hunger with a carnal touch—
    I know the torment: to sense arteries at their bloodiest core
    —and now avert your eyes and call me a woman:
    here you have my desperate day of truths laid bare.

The gace you meet in passing makes your heart leaven
(the pale, daytime crescent moon guarded my curse)
—understand it is a calling to birth babies red:
here is my virtue; here, my sin.

November 19, 1933

Labirynt Obłędny

Pusty czworokąt w ścianie, drzwi, obłędnie się rozmnaża dokądś,
dokąd nie spojrzę, rosną drzwi stokrotnie płaskie jak prostokąt –
dokąd nie pójdę, będą drzwi i skąd nie przyjdę, pozostaną,
póki mi wrosną klinem w mózg – aż mi się wżgną i wryją raną
i będzie pustka czwórnych ram, i będzie czwórnych kątów bezsens,
będzie szaleństwo rannych ścian, z których wydarto miąższ okrzesem –
w mózg się wśrubuje niby wir skośnie wrotnymi nawrotami
rozwirowany wachlarz drzwi, co razem są i nie są drzwiami.
A w tym obłędzie przyjdzie myśl, która przebodzie mnie jak motto,
że w zawiłości setek drzwi jedne są ciszą i prostotą –
rozpędzi w skos i w tył i w przód każda przedarta w kwadrat czeluść
aż wreszcie jedność weźmie w chwyt mnie wysmaganą wprzód przez
wielość.
Tysiąc tysięcy niedrzwi – drzwi, przez które muszę iść, choć nie chcę
groteską swych bezzębnych paszcz świadomość progów swych wychłepce;
tysiąc tysiączne pierwsze drzwi mogłyby dziś już wtulić w spokój,
lecz jest ten szał, co woli ból rozbłąkań, niż się portem okuć. –
Jeśli przestanę pędzić w przód w dni ludzką męką nieczłowiecze,
tysiąc tysięcy białych dni przeze mnie ciszą się przewlecze –
a jednak chcę na każdy cios w boleści w przód się rwać wieczyście,
miast czekać w mgle ogłuchłych cisz aż samo do mnie przyjdzie
wyjście.

15 grudnia 1933

Labyrinth of Madness

A hollow quadrangle in the wall, a door maddeningly multiplies somewhere,
where I don't look, grows a door a hundred times as flat as a rectangle—
where I don't go, there will be doors, and where I don't come, they will remain,
until they grow a wedge in my brain—until they bite into me and lodge
       into me as a wound,
and there will be four-framed emptiness, and there will be the nonsense
      of four angles,
there will be the madness of wounded walls, its flesh torn out with a perch—
it will screw itself into the brain like a vortex with oblique turns,
a whirled array of doors, which together are and are not doors.
    And in this madness there will come a thought that will pierce me like
      a motto,
    that in the intricacy of hundreds of doors, some are silence and simplicity—
    will drive aslant backwards and forwards and each chasm torn into a
      square,
    until at last unity takes hold of me, whipped forward by multiplicity.
A thousand-thousand non-door-doors through which I must pass, though I
      don't want to,
will lap up the threshold awareness with a toothless maw's grotesquerie,
the thousand-thousand-and-first doors could already snuggle into peace today,
but there is this lunacy, which prefers the pain of wandering to a port's armor.
    If I stop rushing forward in inhuman days full of human pain,
    a thousand-thousand white days will pass through me in silence—
    but I want at every painful blow to rush ahead eternally,
    instead of waiting in the fog of deafening silence until the way out comes
      to me.

December 15, 1933

Bunt piętnastolatek

A jest rozkwit przekosmatych sasanek
o przedświcie, o wschodzie, o poranku –
a gdy słońce odpoczywa na drzewach,
im zalążnia jak serce dojrzewa;
to jest sprawa zwykła i prosta
a zawiła jak kwiecień i wiosna,
że o wschodzie, o świecie, o poranku
kwitnie fiolet przekosmatych sasanek. –
Już nie mamy nazbyt długich nóg,
ni sterczących, kościstych łopatek.
Nocą skronie krwi rozsadza huk,
kiedy księżyc przez okno się skrada –
ktoś przyjeżdża z Buenos Aires w aucie
i zagląda siną twarzą przez szyby –
wysrebrzone szafy chcą nas gwałcić
(ratuj, Boże!! – a gdyby... a gdyby...)
Zamknąć oczy – wtulić głowę po kark
pod poduszki rozedrganą głuszę
i od strachu rozpaloność warg
pocałunkom oddawać poduszek.
Jakże trudno wiosennymi rankami
uspokoić serc wzburzoną krew,
gdy wmawiają w nas troskliwe mamy,
że treść serca, to tylko as kier
A czy wiedzieć można – a czy zbadać można,
jak wygląda sasanek rozpuchnięta zalążnia, –
a czy można wiedzieć – a czy można poznać,
jak bolesną bywa ziółkowata wiosna? –
Na kępkach wiosennych mchów
boleśnie leżą bez tchu
omdlałe, liliowe sasanki,
w wiosny podmuchu świeżym

Rebellion at Fifteen

And there's a bloom of diaphanous pasqueflowers
at dawn, at sunrise, at morning—
and when the sun rests on the trees,
their carpels ripen like hearts;
it is right simple and plain
and intricate as April and spring,
that at sunrise, at dawn, at morning
blooms the violet of diaphanous pasqueflowers. — —
    We no longer have legs gangly,
    nor our protruding, bony shoulders.
    At night our temples pulse with blood,
    when the moon creeps through the window—
    someone arrives from Buenos Aires in a car
    and looks through the windowpanes blue in the face—
    silver closets want to ravage us
    (save us, God!!—what if... what if...)
    Close your eyes— cradle your head in your neck,
    tuck it under the pillows with their sweltering hush
    and out of fear surrender the heat of your lips
    to the osculating pillows.
    How difficult it is on spring mornings
    to calm a heart's agitated blood,
    when we are told by caring mothers
    that the organ's essence is simply the ace of hearts.
And whether one can know—and whether one can examine,
what the swollen ovary of the pasqueflower looks like—
and can you know—and can you learn
how painful the spring green can be? — —
Along clumps of spring moss
painfully lie breathless
faint, lilac pasqueflowers,
in the fresh blast of spring

przypłynął żal bezbrzeżny
na pośródleśną polankę – –
　My chcemy konstytucji, my chcemy swego prawa,
　że wolno nam bez wstydu otwarcie w świat wyznawać
　prawdziwość krwistych burz,
　że wolno wcielać w słowa odruchy chceń najszczerszych,
　że wolno nam już wiedzieć, że mamy ciepłe piersi
　prócz eterycznych dusz, –
　my chcemy konstytucji i praw dla siebie pełnych,
　że wolno nam zrozumieć: mężczyzna, to nie eunuch
　i wielbić mięśni hart,
　że wolno nam już pojąć, jak miłość ludzi wiąże,
　że wolno nam nie chować pod stos różowych wstążek
　biologicznych – prawd! –
A jest rozkwit przekosmatych sasanek
o przedświcie, o wschodzie, o poranku –
a gdy słońce odpoczywa na drzewach,
im zalążnia jak serce dojrzewa;
to jest sprawa zwykła i prosta
a zawiła jak kwiecień i wiosna,
że o wschodzie, o świcie, o poranku
kwitnie fiolet przekosmatych sasanek.

16 grudnia 1933

came boundless grief
upon a glade in the middle of the forest— —
   We want a constitution, we want our own rights,
   that we can openly confess to the world without shame
   the truth of bloody storms,
   that we are allowed to put to words wishes most sincere,
   that we are allowed to know the warmth of our bosoms,
   ethereal souls beside—
   we want a constitution and complete rights for ourselves,
   that we are allowed to understand: a man is not a eunuch,
   and to admire muscular fortitude,
   that we are allowed to understand how love binds people,
   that we are allowed not to hide biological truths
   under a pile of pink ribbons! —
And there is a bloom of diaphanous pasqueflowers
at dawn, at sunrise, at morning—
and when the sun rests on the trees,
their carpels ripen like hearts;
it is right simple and plain
and as intricate as April and spring,
that at sunrise, at dawn, at morning
blooms the violet of diaphanous pasqueflowers.

December 16, 1933

Laurka noworoczna

młodemu architektowi

Jest ci teraz taki sobie rok: 1933 –
oglądają się starzy za siebie: „jak to czas prędko w dawność przeleciał";
a ja myślę sobie, że prędko 1934,
i że pewnie siedzisz przy biurku i ożywiasz logarytmy martwe –
Masz ty pewnie szklane kątomierze
i stalowy rozdwojony cyrkiel
i na białym, gładkim papierze
chcesz proporcję tajemnicza wykryć –
rosną linie płasko-nieruchome,
rosną ściany snobizmowi i nudzie:
pewnie uczysz się budować domy,
w których kiedyś będą się kłócić –
Wiem – umieścisz na domu fasadzie
arcyultranowoczesne kółka
i po długiej z samym sobą naradzie
pomalujesz na czerwono deszczułki;
będą stały twej poezji w poprzek,
twoje domy ludne – a puste
i otrzymasz pochwałę, żeś dobrze
nad łazienką wybudował ustęp. –

A ja myślę sobie: tak, tak – są przemijań niepisane prawa;
głupio byłoby jadać i spać, gdyby czas wciąż na miejscu zostawał –
Prędko będzie rok 34,
ale był rok 32 –
a 32, jak narty
pozostawił po sobie dwie smugi
(jedną w myślach pozostawił tobie –
drugą krwi mej pozostawił we mnie)
będą szlaczyć się smugi obie,
póki wiatr ich nie zliże zupełnie.

New Year's: A Handmade Greeting Card

to a young architect

There's a year for you: 1933—
the elderly look back: "how time has flown by and become the past";
And I think to myself that soon it'll be 1934
and that you must be sitting at your desk reviving dead logarithms—
You surely have glass protractors
and a steel split compass
and on smooth, white paper
you want to detect mysterious proportion—
flat-unmoving lines grow,
walls grow out of snobbery and boredom:
you are probably learning to build houses,
in which someday people will quarrel—
I know: you'll place on the house's façade
arch-ultramodern wheels
and after a long deliberation with yourself
you'll paint the slats red;
they will be fixed across your poetry,
your houses peopled but empty
and you will be praised for building so well
a latrine above the bathroom. —

And I think to myself: yes, yes, there are unwritten laws passing;
it would be foolish to eat and sleep, if time still stayed in place—
Soon it will be the year '34,
but it was the year '32—
and '32 like skis
left behind two streaks
(one in mind left to you—
the other left to my blood within me)
both streaks will waver,
until the wind has completely licked them away.

Zatoczyłeś pod niebo łuk
serca cyrklem zakreśliłeś mnie w koło.
A czy teraz byś jeszcze mógł
tyle cudów wbudować w słowo?
a czy teraz byś jeszcze mógł
zmierzyć świat pod kątem miłości
i konstrukcją sztuczek i sztuk
dnie rozpiętrzać piękniej i prościej?
No – a wtedy umiałeś mnie zliczyć
tą miłością, której byłeś wart –
no – a wtedy byłeś budowniczym
zamków na lodzie i domków z kart.
Niechże ciebie teraz nauczą melancholię cegłą otoczyć –
lub pogańsko serdeczne świątynie tak jak dawniej wznosić w mych
    oczach –
niech nauczą tęsknoty krużganki z serc rozwijać jak w piosenkach
    rozmaryn
i ekierką logiczną i prostą odbudować namiętność z rozwalin –

                                        26 grudnia 1933

You formed an arc up to the sky
you rounded me off with the compass of your heart.
And now would you still be able
to build so many miracles into a word?
and would you now be able
to measure the world in terms of love
and in the construction of tricks and arts,
build up days more beautifully and simply?
Well—and then you were able to count me
with the love you were worth—
well—and then you were a builder
of castles in the air and houses of cards.
May they now teach you how to surround melancholy with brick—
or pagan-hearted temples as formerly erected in my eyes—
may they teach the cloisters of longing to develop rosemary from
        the heart as from songs
and eccentric logical and simple rebuild passion from the ruins—

                                        December 26, 1933

Mitologia radosna

Jak Atlas dźwigam hardo na barkach własne niebo –
wzwyż się przedłużam pionem:
azotu –
pary –
tlenu –
barometr serca krew ciśnie jak rtęćne srebro,
by zmierzyć ciężar szczęść
na skali pulsu przemów;

lecz nie znam wcale cyfr, o których cyrkle prawią
i nie znam wcale liczb barometrycznych ciśnień,
gdy nocą brzemię nieb
w konarach
moich
ramion
zakwita jaśnią gwiazd jak drobnokwietną
wiśnią –

To jest nie lada sztuczka:
udźwignąć własne szczęście –
radośnie,
świętokradzko
nie ugiąć się pod niebem –
– jak Atlas dźwigam hardo na barkach siną przestrzeń,
na której słońce z miedzi
jaskrami
znaczy
przebieg. –

1 stycznia 1934

Joyful Mythology

Like Atlas I carry my own sky hard upon my shoulders—
upwards I extend myself with a plumb line:
of nitrogen—
of steam—
of oxygen—
the barometer of my heart presses blood like mercurial silver,
to measure the weight of happiness
on the scale of sermon's pulse;

but I know not at all the figures of which the scribe-compasses speak
and I know not the numbers of barometric pressures,
when at night the weight of the heavens
in the boughs
of my
arms
blossoms with the brightness of stars like a petite-flowered
cherry—

That's quite the trick:
to bear one's own happiness—
joyfully,
sacrilegiously
not to collapse below the borne sky—
—like Atlas, I carry hard upon my shoulders the blue space,
upon which the copper sun
marks
its course
in arnica. —

January 1, 1934

Przemiany

Dni ostatecznych przetopień i ostatecznych spojeń
były podobne innym jak konie nad wodopojem – :
miały kwitnienie brzasków
i pączkowanie gałązek
– – lecz z mieszaniny pierwiastków –
– stałam się ścisłym związkiem.

Na pozór było to samo:
świt każdy miał w nocy korzeń
(lecz w rdzeniach coś pulsowało
boleśnie, dziko i trwożnie)
na pozór było to samo:
bo każdy *przejaw* jest prosty
(lecz w rdzeniach coś się rozdrgało
w najdygotliwszy niedosyt)

Słowa były opaczne –
w zdaniach był dwusens słodki –
tajemny jak dwuznacznik,
dwuznaczny jak wielokropki;
mowa była zamgloną i złotodajną alaską –
a wszystko było nowiną i potępieńczą łaską.

Dziś jeszcze brzmi i grzmi
roztrzepotany grzmot:
to było: siedem dni,
a każdy był jak młot;
przetwarzał przez swój gwałt,
przeradzał, łamiąc wpół,
tłukł –
walił –
bił –

Transformations

The days of final melting and final bonding
were akin to horses at a watering hole—
had blooming dawns
and budding twigs—
— —but from a mixture of elements
    —I became a close union.

On the surface it was the same:
each dawn took root at night
(but at their cores something pulsed
painfully, wildly and fearfully)
On the surface it was the same:
for every *stem* is straight
(but at their cores something shook
into the most urgent lack)

The words were drab—
in the sentences there was a two-sense sweet—
mysterious as ambiguity,
as ambiguous as polyprophes;
speech was a misty and gold-bearing alaska—
and all was news and condemning grace.

Today it still sounds and thunders
A shattering thunder:
it was: seven days,
and each was like a hammer;
it processed through its violence,
it was breaking through, breaking in half,
smashing—
pounded—
beaten—

i kuł –
i nowy dawał kształt.

I jestem ścisłym związkiem w reakcji własnych przetopień,
chemicznie spojonym związkiem uczuć banalnie najszczerszych
– i mam dla ciebie słowa bezradne i płaskostope,
by siedem dni ci poświęcić jak pensjonarskie wiersze.

9 stycznia 1934

and stabbed—
giving new shape.

And I am a tight bond in the reaction of my own melting,
a chemically bonded union of the most banally sincere feelings.
—and I have words for you that are helpless and flat-footed,
to devote seven days to you like the poems of a schoolgirl.

January 9, 1934

Poznanie

Narodziłam się teraz oto, teraz oto
niepodzielną – jak elektron – drgnieniochwilą,
by mnie rozdarł cios nowiny grotem
przekłuciem przedarł na wskroś i na wylot –
pozostawi mnie bogatą i nową;
sama w sobie nie potrafię się zmieścić, –
już:
    przyciskam do ust chłodną obcość słowa,
    fonetyczny skrzep nieznanej jeszcze treści –
już:
    rozsadza chłodne skrzepy treść
    i przelewa się bulgotem w chłonność warg –
oto rozkosz: nowy cud w siebie wnieść
rozgryźć słowo – jak migdał – w cierpki smak
oto rozkosz: na bezpańskich cudach wysp
zatknąć sztandar – triumfującą biel;
bezcelowych, dźwięcznych liter świst i gwizd
zbawić nagle, zbawić sobą w sens i cel.
Zadziwienie i zachwyt falośpiewny
rozkołysał mnie, rozchwiał mnie słowem;
urodziłam się oto po raz setny
aby zdobyć setną z swoich nowin.
    Rozedrgany – niespokojny – nieustanny jak kołowrót
głód, niedosyt – zdobywanie – myśli odbieg – myśli powrót –
wahadłowe, zwykłe prawo ciągłych dążeń, niewybłagań –
tylko czasem na przelocie krótkie szczęście: równowaga.
Jak wahadło w kołysaniu nie znam prawie ciebie, – ciszo,
odpoczywam w tobie krótko – znów mnie prawa rozkołyszą,
muszę odejść w tę ucieczkę najcelowiej kołowrotną,
która, – dziwo, dziwowisko – nagle staje się powrotem –
Jak tyle razy wczoraj, jak tyle razy jutro,
znów będę się odradzać w nieustanności przemian:
za siódmą, siódmą rzeką – za siódmą, siódmą górą

Acquaintance

I was born now, behold
indivisible—like an electron—a fluttermoment,
to be torn by the blow of news with a blade
piercing me through length and whole
it will leave me rich and new;
I cannot fit myself inside
already:
  I press the cool strangeness of the word to my lips,
  a phonetic clot of yet unknown content—
already:
  the cool clots of content burst
  and bubbling overflows into my absorbent lips—
this is delight: to bring a new miracle into oneself
bite into the word—like an almond—its tart taste
this is delight: on the stray miracles of islands
sink a banner—triumphant, white—
of aimless, sonorous letters a whistle and swish
suddenly save, save oneself in meaning and purpose.
The astonishment and delight of wavesinging
rocked me, made me unravel with words;
I was born here for the hundredth time
to gain the hundredth piece of news.
  Frenzied—restless—incessant like a revolving wheel
  hunger, unsated—gaining—thoughts run away—thoughts return
  the metronomic, regular law of constant striving, of ungranted pleas
  only sometimes a brief happiness in passing: balance.
  Like a pendulum swinging I hardly know you—o silence,
  I rest in you briefly—again the laws will billow through me,
  I must take this flight of the most purposeful circling,
  which—strangely, spectacle of strangeness—suddenly becomes a return—
As so many times yesterday, as so many times tomorrow,
I will be reborn again in the incessancy of change:
beyond the seventh, seventh river—beyond the seventh, seventh mountain

jest ostateczna wiedza legendarnego drzewa;
cóż wiem o prostych rzeczach prócz obietnicy: później,
prócz przyrzeczenia sepii w kreślonych węglem kreskach
i oprócz tego, co opowie mi czyjś uśmiech,
w którym jest posmak życia, którego j a mam przedsmak –
zieleni mi się życie soczystym, grubym liściem:
tyle mam jeszcze poznań – i tyle mam dociekań;
idę po swoje życie, po swoją rzeczywistość
za siódmą, siódmą górę – za siódmą, siódmą rzekę.

20 stycznia 1934

is the ultimate knowledge of the legendary tree;
what do I know of simple things except a promise: later,
except the sepia hint in charcoal lines
and except for that, which someone's smile will tell me,
in which there is a taste of life, of which I have a foretaste—
my life is greening with a thick, juicy leaf:
so much I have yet to know—and so much I have to inquire about;
I come for my life, for my reality
beyond the seventh, seventh mountain—beyond the seventh, seventh river.

January 20, 1934

Koniugacja

Czyż koniecznie trzeba coś wybrać,
czyż nie można niczego nie wyznać –
kiełkujący kłączami wyraz
wtargnął we mnie, wrósł jak ojczyzna;
mowa moja jest dla mnie krajem
urodzajnym, skibnym i dobrym –
Czyż koniecznie mam ją pokrajać
w kwadratowy – jak sztandar – program?
Patrz:
Zrosiły się o przedświcie
białowonne, mokre akacje –
idę słowem jak chlebem się sycić
– – *Ja mam rację*

Ręka na sterze,
wzrok na stoperze
w przód: po życie –
szukasz na ukos
na przełaj szukasz...
...aż znajdziesz: życie.
Znajdziesz w zachwycie,
dłonią pochwycisz
życie.
Na odlew walnąć
w pysk, w aktualność
życie,
w siatkę unerwień,
w krwi jurną czerwień
życia
i cios za ciosem
młodym patosem
się sycisz –
w każdym dniu białym

Conjugation

Is it necessary to choose something,
can one not confess anything—
a rhizome-sprouting word
has invaded me, grown into me like a homeland,
my speech is for me a land
that is fertile, sandy and good—
Do I necessarily have to slice it
into a square—like a banner—a program?
See:
The white-lipped, wet acacias
dewed at dawn—
I go feeding on the word like bread
—I am right.

   Hand on the rudder,
   eye on the stopwatch,
   forward: for life—
   you're looking diagonally
   looking across...
   ...until you find it: life.
   You'll find it in the rapture,
   you'll catch it in your palm
   life.
   Hitting the mouth
   with the back of the hand
   at its relevance, life,
   in the net of innervation,
   red in the vital blood
   of life
   and blow for blow,
   with young pathos
   you're saturating—
   in each white day

masz rozszalałą
rewelację.
Ręka na sterze,
wzrok na stoperze!
– – *Ty masz rację.*

Kroczy blady i cichy wieczorami na skwerach –
patrzy w głąb babich oczu – łzy ukradkiem ociera –
patrzy, patrzy – nie widzi – (serce w płacz ojedwabia) –
myśli, myśli – nie pojmie, (ale świat męką zbawia –)
Wieczorami na skwerach, biedaczysko,
chce odcierpieć za świat mękę wszystką:
za dancingi, za bary, za teatry, za kina
i za moje i za twoje i za nasze przewiny –
Wieczorami na skwerach idzie z wolna, przystaje –
gryzie w wargach najłzawszą i najkrwawszą litanię:
za dnie wszystkie przeżyte i minione stacje.
– – *On ma rację.*

Gdzie wszystko mierzy się wzruszeniem,
cień
suchym
smutkiem –
smutek
cieniem,
gdzie wszystko się przetapia w zdania –
tam nie ma nic, prócz nas –
Śnieg tam jest: słowem posuwistym
a cisza: śniegiem przepuszystym –
tam pustki wiatr, w łazęgach, zgania,
prawo ciążenia nas nie trzyma
wpiętych oczami w konstelacje,
bo prawdą jest tam ósmy wymiar
i to, że my –
– – *My mamy rację.*

you have a raging
revelation
Hand on the rudder,
eyes on the stopwatch!
— —*You're right.*

He walks pale and silent along evening squares—
looks deep into grandmother's eyes—stealthily wipes away the tears—
looks and looks—does not see—(his heart weeps!)—
thinks and thinks—will not understand (but saves the world with torment—)
In the evenings, on the squares, poor thing,
wants to suffer all the torment of the world:
for dances, for bars, for theaters, cinemas,
and for my faults, and for yours, and ours—
In the evenings he walks slowly on the squares, stops—
he bites his lips with the most tearful and bloody litany:
beyond the depths all of the past and lived-through stations.
— —*He's right.*

Where everything is measured by emotion,
the shadow
by dry
sadness—
the sadness
by shadow,
where everything melts into sentences—
there's nothing there but us—
The snow is there: a word moving,
and silence: a fleecy snow—
there the wind of emptiness, in its wandering, chases off,
the law of gravity does not hold us
gazing into the constellations,
because the eighth dimension is true there
and we—
— —*We are right.*

Trud się rozpiętrza w słowie
na wykrzykników hakach;
(wiersze – krwawa zapowiedź –
a serce – krwawy plakat;)
Cóż nam powiedzieć mogą
słowa, co mają lśnić klingą,
że boli, gdy bunt i wrogość
mózg kroi w płaty, jak szynkę?
Czyż słowa wasze powiedzą,
co znaczy: mięsień wkuć w pracę –
mam tylko tę małą wiedzę.
– – *Wy macie rację.*

I oni też –
i oni też
i wszyscy, których jeszcze nie znam.
Zbyt jeszcze wiosna moja wczesna,
bym wzdłuż i wszerz
poznała wszystko.
Godziną ranną, chwilą modrą
przebiła mnie najmniejsza mądrość,
że nie ma granic,
nie ma prawd,
krótkich orzeczeń,
rozgraniczeń
i wszystko jedną cyfrą liczę,
odmieniam świat tą koniugacją
że oni też,
że oni też,
że oni także *mają rację.*

25 stycznia 1934

Hardship is spread out in the word
in exclamation points;
(poems—a bloody announcement—
and the heart—a bloody poster);
What can they tell us,
words that are supposed to shine with a sword,
that it hurts when rebellion and hostility
slices the brain into flaps like ham?
Will your words say,
what it means to put muscle to work— —
all I have is this little knowledge.
—You're right.

And they too—
and them too
and everyone I don't yet know.
It's still too early in my spring,
to know the length and breadth
to know it all.
In the early hours of the morning, in the azure moments
the smallest wisdom pierced me,
that there are no limits,
that there are no truths,
no short judgments,
demarcations
and I count everything with one digit,
I measure the world with this conjugation
that they, too,
that they, too,
that they also *are right*.

January 24, 1934

Panteistyczne

Nie objawił mi się żaden bóg
w gorejących
i ognistych
krzakach,
nie przemawiał do mnie
pożarem
i nie wzywał mnie
płomieniście —
odnalazłam go w krzaku
bzu,
gdy w kiściastych
krocił się znakach,
rozpoznałam go najzieleniej, gdy przez mokre wołał mnie
liście.
No — i odtąd chodzę zdumiona
  zadziwieniom
  nagłym
naprzeciw
gdy rozpuchły kreci pagórek
olbrzymieje cudem jak
Synaj —
popróbujcie wątpiący i źli
jak żarówkę
słońce zaświecić;
mówię do was
hallo —
hallo —
ja:
radosny prorok —
dziewczyna.
Rozwijają się drogi wstęgą
  rozpędzonym
  filmem

Pantheistic

No god has appeared to me
in the burning
and fiery
bushes,
no god spoke to me
with fire
and did not call to me
in flames—
I found him in a bush
a lilac bush,
where among the leafy
signs, he was cowering
I recognized him most green when he called me through the wet
leaves.
And since then I have been walking around amazed
    with sudden
    amazement
beyond
when a swollen molehill
is magnified by a miracle like
Sinai—
try the doubters and the wicked
like a light bulb
the sunshine;
I say to you
hallo—
hallo—
me:
the joyful prophet—
a girl.
The roads unfold as a ribbon
    with rushed
    film

samopas
i potykam się jak pijana
o nadrożne,
naszlaczne
cudy:
oto

w znikąd wyrosłych krzemieniach
znieruchomiał czas jak synkopa –
oto

światło mknie:
trzysta tysięcy
kilometrów
na
jedną
sekundę —
oto

jestem po prostu tętnicą,
którą krąży jak krew
w świecie
azot —
oto

cichy «jak sen» pocałunek
zgiełków światów przemilcza mi
jazgot —
oto

kiedyś się wszystko raz urwie
tak: bez wstępu,
bez przeczuć,
od razu
i poleci na zbity łeb
ziemia
romantycznie spadającą
gwiazdą —

Jakże trudno wytrwać w równowadze

run wild
and I stumble like a drunk
along the roadside,
our local
wonders:
here
in the flints that grew out of nowhere
time stood still like a syncopation—
here
light flashes:
three hundred thousand
kilometers
at
just
one second—
here
I am only an artery
that circulates like blood
in the world
nitrogen—
here
a quiet "like a dream" kiss
of turmoils of worlds silent to me
the clamor—
here
once it all comes to an end
yes: without introduction,
no premonitions,
at once
and flies off on its head
earth
a romantically falling
star—

How hard it is to stay balanced

plącząc nogi po drodze
o cudy
i nie oprzeć się pewnie o
boga,
który wiatru mi natrząsł
i ptaków —
wpłynął we mnie życiodajny bóg krwią czerwoną, co płynie bez trudu,
choć nie zjawił mi się żaden
głos
w gorejącym
i ognistym
krzaku.

6 lutego 1934

tangling my legs on the way
o the wonders
and not lean confidently on
a god,
who shook the wind for me
and the birds—
a life-giving god flowed into me with red blood, which flows without effort,
though no
voice
appeared to me in the burning
and fiery
bush.

February 6, 1934

Grubą krechą konturu mówi się: krągławy –
potem trzeba linię
wysubtelnić
w elipsę;
krótkie ostre spółgłoski
w kreski
się rozparskały
przyszłych cieni łagodnych niespokojnych zarysem.
Oto będzie pomidor:
czerwony i tłusty –
oleistą farbą musi ociec szczodrze;
ty masz wyczuć
miąższ,
owoc miazgomózgi
w farby gęstej i lepkiej
rozżarzonym cynobrze.
Cień jest miejscem zielony,
a miejscami siny
bez przejścia się wtacza w jasnej reszty poślizg,
a w pośrodku
króluje,
najdostojniej szczęśliwy,
złotą kropą berłową:
Najjaśniejszy Połysk.

9 lutego 1934

Still Life: Tomato

With a thick contour outline one says: curvy—
then the line must be brought
into refinement
into an ellipsis;
short sharp consonants
into strokes
that have splattered
with the tracing of future, gentle, restless shadows
Here there will be a tomato:
red and plump—
it must drip bountifully in oil paint;
you must sense
the flesh,
the brainpulpish fruit
in thick and sticky
glowing hot cinnabar paint.
The shadow is green in places,
blue in others,
without transition it rolls into the bright remnant of a glide,
and in the center
reigns,
most regally happy,
with a golden sceptre drop:
the Brightest Sheen.

February 9, 1934

Wierność

Nie policzysz, nie doliczysz, nie wyliczysz:
ocyganień,
szacherek
i zdrad –
na spotkanie
    szachrajstwom
        ślicznym
o porankach wychodzisz rad –
austriackim
miłosnym gadaniom
na witanie
    wybiegasz
        w snach;
w zapewnieniu anielskim jak anioł
w własne oczy
sypiesz
oszustw
piach –

Chcesz przed sobą zasłonić niezmierność:
wszystkich szachrajstw
wykrętów
i kłamstw
i hodujesz w doniczkach chwil
    wierność
        rozełganą i wątłą
jak chwast. –

Kołują –
    krążą –
        zdania –
        nawrotnym,
    omdlałym,

Fidelity

You will not count, you will not add, you will not calculate:
indulgences,
scarves
and betrayals—
to meet
    for lovely
        scams
in the mornings you head out joyful—
for your Austrian
love chatter
to greet each other with—
    you run out
        in your dreams;
in angelic assurance, like an angel
into your own eyes
you spill
the sand
of deceits—

You want to hide vastness from yourself:
of all the deceptions
tricks
and lies
and you grow in pots of moments
    fidelity
        frustrated and frail
like a weed. —

They circle—
    rotate—
        sentences—
        recursively,
   faintly,

rondem:
jest tylko jedna wierność,
której od ciebie
nie żądam,
jest tylko jedna
stałość –
jedna rzetelność
i pewność
i tylko jedna
miłość
w wieczność się wdziera jak drewno. –

Kołują
    krążą
        zdania
          po prawd
      dalekich
łazęgach:
siebie kocham
„na zawsze";
„na wieki"
kocham.
Przysięgam!
– Jestem sobie najlepsza w zaślepień czułych obłokach –
przyglądam się sobie miłośnie
w źrenicach
wszystkich
kochań –
Plącze się
    drganiem
        miłość w sieci ze słów pojmana:
niezmiennie
kocham siebie
i jestem przez siebie kochana –
czyż mam się jeszcze zmierzyć

in a roundabout:
there is only one allegiance,
which of you
I do not demand,
there is only one
constancy—
one integrity
and certainty
and only one
love
will tear into eternity like wood. —

The sentences
    circle
        rotate
        on the laws
    of far-off
wanderers:
I love myself
"forever"
"perpetually"
I love.
I swear!
—I'm at my best in the blindness of tender clouds—
I look at myself lovingly
in the pupils
of all those
lovers—
It tangles
    with a vibration
        love in a web of words captured:
invariably
I love myself
and I am loved by myself—
should I still face

w wierności
        ku sobie
        z tobą?
zostanę sobie:
„jedyna" –
zostanę sobie:
„do grobu".

14 lutego 1934

with you
    in fidelity
        inward?
I will remain myself:
"the one"—
I will remain myself:
"to the grave."

February 14, 1934

Niedziela

Przepasała się ziemia skwarnym równikiem
jak niedzielna, zwyczajna dziewucha
na niedzielny flirt –
ach, do jasnej, do gwiaździstej cholery,
pękną w niebie wszystkie kawalery
i rozdziawią konstelacje gęby
z podziwienia od ucha do ucha!
poszła w pląsy ziemia babim krokiem,
oceanem łypnęła jak okiem,
wyszczerzyła zęby-Himalaje
i ujęła się pod bieguny, pod boki
na niedzielny flirt!
    Krok zadumy i cichej pogody
    miłowanej wytęsknionej przezeń
    posuwiście wiódł go w gwiezdne gospody
    lunatycznym, księżycowym polonezem –
    czekał damy z ballady smętnej
    romantycznie pobladły księżyc, –
    a choć spotkał w maju namiętnym
    ziemię-Kaśkę o piersiach prężnych,
    miłość zaklął w cekiny serenady:
    „że cios w serce jest gorszy od zagłady,
    i że kwiaty pachną, kwiaty magnolii,
    że jest smutny, o donna, że jest blady,
    że to dusza, o donna, że to boli,
    i że noc jest platoniczna i wonna,
    o donna – – –"
Więc sypnęła mu Kaśka chichotem,
a kucnęła od śmiechu pod płotem
o Boże –
więc tarzała się od śmiechu bez wytchnienia,
omal skurczów nie dostała i omdlenia,
o Boże –

Sunday

The earth was girded with a sultry equator
like an ordinary Sunday maiden
out for a Sunday flirt—
ah, to the bright, to the starry hell,
all the bachelors will burst in heaven
the constellations will open their maws
in admiration from ear to ear!
the earth took off dancing with a womanish step,
the ocean glared like an eye
and bared its teeth-Himalaya
she stood up under two extremes, akimbo
out for a Sunday flirt!
    A step of musing and quiet serenity
    of a beloved he longed for
    swiftly led him to the starry inn
    in a somnambulous, moonlit polonaise—
    waited for the lady of the sorrowful ballad
    the romantically pale moon—
    and though in passionate May he met
    earth-Kaśka with buoyant bosom,
    he transformed love into sequins of serenade:
    "that a blow to the heart is worse than doom,
    and that flowers are fragrant, magnolia flowers
    that he is sad, o donna, that he is pale,
    that it is a soul, o donna, that it hurts
    and that the night is platonic and fragrant
    o donna— — —"
So Kaśka spilled it to him with a giggle,
and she crouched by the fence laughing
oh God—
so she was rolling around laughing tirelessly,
she almost got cramps and fainted,
oh God—

więc parsknęła mu w twarz bujnym zielem
więc nazwała go psim wielbicielem,
że to niby psu on jest brat,
że psią krew ma, psie kości i mordę,
że połamie mu każdy gnat,
że wyszczuje na niego gwiazd hordę –
    Szedł tą drogą boży parobek:
    spracowane, rumiane słońce
    na niedzielny, próżniaczy nierobek
    (ano jest, wiadomo, niedziela,
    żeby nic się, wiadomo, nie działo)
    pod bok ziemię wziął chichocącą
    poszli usta sobie spopielać,
    poszli sobie na całusy, szturchańce
    na ten skwarny,
    na niedzielny flirt –
I powiesił się księżyc bladolicy
na złamanym dyszlu niedźwiedzicy
z mlecznej drogi, świecącej próchnem –
i dlatego w każdą niedzielę
trupio srebrny, nagwiezdny wisielec
coraz niżej zwisa z nieba i puchnie.

26 marca 1934

so she spat lush herbs in his face,
so she called him a dog lover,
said that he was ostensibly a dog's brother,
that he had dog's blood, dog's bones and dog's muzzle,
that she'd break every bone in his body,
that he's barking up a horde of stars—
 God's farmhand was walking down that road:
 the sun, blushed and weary
 in a Sunday's idle slumber
 (so it's, you know, Sunday,
 such that, you know, nothing happens)
 took up the giggling earth by its underbelly
 they ashed their mouths,
 they went for kisses, teases
 out for a sultry
 Sunday flirt—
And the pale moon hung itself
on ursa major's broken harness
from the milky way, glowing with decay—
and that's why every Sunday
a corpse-silver, starry pendant
hangs lower and lower from the sky and swells.

March 26, 1934

Strajk

W martwocie zakrzepłych rozbrył przyszło mi dostrzec:
– wrogość,
przyszło mi pojąć znienacka tajony w przedmiotach:
– sprzeciw; –
Ściśnięte sprężyny kanap, co się rozpiętrzyć nie mogą,
lampy, ciążące z sufitów, któż w was te bunty rozniecił?
widzisz:
jak lustro się wzdraga wchłonąć serdecznie twój obraz –
widzisz:
jak twarz twą odbija z pogardą prosto ci w mordę –
słyszysz:
jak czasem się żalą kluczom cierpliwym i dobrym
zawiasy zgorzkniałych zamków zębów zgrzytliwym akordem?
A jeśli kiedyś pomyślę,
a jeśli kiedyś rozsądzę,
że dość już śrubkom i ćwieczkom przewiercać ściany wypadło
i jakąś tajną północą,
andersenowską północą
zacznę podburzać przyciesi – przedmiotów martwych demagog?
będę logicznym podłogom wytyczać krągle argument,
będę nazwańcom-dachom rozwijać zapał jak sztandar
– aż runą na was uśpionych
piece
i ściany
tabunem,
aż stoły,
stołki,
stoliki
na ciebie rzucą się bandą –
ot – będzie mi wtedy wolność,
ot – będzie mi wtedy frajda,
ot – zaucztują krzesła, na których nikt już nie siądzie,
taksówki zamiast na jezdni chodnikiem zaczną się hajdać[1],

Strike

In the deadness of clotted crashes I came to see:
—enmity,
I came to comprehend all of a sudden the secrets in objects:
—objection—
Squeezed springs of couches, which can't unclench,
lamps, dragging from the ceilings, who sparked these revolts in you?
you see:
as the mirror flinches to heartily absorb your image—
you see:
how your face refracts with contempt straight at you—
you hear:
how sometimes kind, patient keys grieve
axes of embittered teeth locking in with rasping chord?
And if I ever think,
and if one day I decide,
that enough screws and studs that drill through walls have loosened
and by some secret midnight,
an Andersen midnight
I will begin to stir up the dimples—demagogue of inanimate objects?
I will delineate a circular argument for logical floors,
I will develop fervor for the named rooftops like a banner
—until they collapse on you asleep
stoves
and walls
in a horde,
until tables,
stools,
nightstands
will throw themselves upon you in a horde—
here—it will be freedom for me then,
here—it will be fun for me then,
here—they will notice the chairs upon which no one sits any longer,
cabs will start to pitch along the sidewalk instead of on the roadway,

trzewiki se zatańcują w beznożnym, własnym zapląsie –
po ścieżkach, rankiem, załazi z niczyim płotem częstokół,
pod wozem się pobratają stęsknione za sobą koła,
pękną pękate beczki wyskokiem spod własnych okuć –
– będzie im wtedy wolność,
– będzie im wtedy wesoło –
Ulice wzdłuż się wydłużą,
ulice wszerz się rozszerzą
pospacerują tamtędy wolne sześciany domów
– będzie im, psia kość, swoboda –
rajski, wspaniały bezrząd,
bycie samemu sobie,
a oprócz siebie – nikomu!

16 kwietnia 1934

boots will dance in a legless, self-made tangle—
along the paths, in the morning, they will put down a barrier with no one's
        palisade,
below the wagon mingle the wheels, longing for each other,
bulky barrels burst with a jaunt out from under their own fittings—
—it will be freedom for them then,
—happy it will be for them then—
Streets will lengthen along,
streets will widen
the free cubes of houses will stroll there
—it will be for them, doggonit, freedom—
a paradisiacal, magnificent non-government,
a being for oneself only,
and apart from the self—for no one!

April 16, 1934

Twierdzenie o niebieskich migdałach

Założenie

Zazębiły się ząbkami
cienkie kółka ząb o ząb –
zygzak w zygzak klinki łamie
i sieć sprężyn zwija w kłąb –
rowki w śrubkach lśnią spiralnie
wzorem z stali lanych śrub –
ostry ćwieczek – sztukmistrz scaleń
płytkę z płytką sprzągł jak ślub –
chytry zegar jak aptekarz
mierzy, waży cenny czas
(„czas nie czeka, czas ucieka,
szumi, szumi czas jak las")

Konkluzja

Czemu wysoka jestem? – by słońca chwycić najwięcej,
by jak najwięcej skóry trafiło w czerwcową jasność,
czemu mam takie smukłe i takie mocne ręce?
– by każdym leniwym mięśniem poznawać słodkie próżniactwo,
czemu celowość mnie wiodła na wydróż dniom i na wyszlak?
– bym bezcelowych włóczęg już odtąd była niesyta,
po co mi baczną myślą z światem mozolić się przyszło?
– bym mogła teraz ocenić wspaniale niebieski migdał.

Dowód

Czyściły wieczory lakierki
gwiazdami błyszczącą pastą;
wołały mnie na lenistwo,
wołały mnie na próżniactwo –
szłam z nimi nakraść czeremchy
łażącej z sadu za parkan,
gryzłam słodkawe i wonne
niebieskie migdały jak ziarka –

The Blue Almond Theorem

Proposition

The teeth of fine tiny wheels
are interlocking—tooth by tooth—a zigzag breaks
into a zigzag, into wedges
and a web of springs curls into a cloud—
the grooves in the screws shine in a spiral
in a steel pattern of cast bolts—
sharp stud—magician of merging
plate with plate he couples like a wedding—
the sly clock, like a chemist
measures and weighs precious time
("time does not wait, time runs away,
humming, humming time like a forest")

Conclusion

Why am I tall?—To grab the most sun,
to get as much skin as possible in the June brightness,
why my arms are so slender and so strong
—to know sweet laziness with every lax muscle,
why did expediency lead me to the day's voyage and to the way out?
—so that from now on I will never be satisfied with aimless
    wanderings,
why did I have to toil in the world with my careworn thoughts?
—so that I can now appreciate the magnificent blue almond.

Proof

They shined their patent leather shoes in the evenings
with stars of glittering paste;
they called me to sloth,
they called me to idleness—
I went with them to pluck cherries
that came from the orchard behind the fence,
I'd bite the sweet and fragrant

szłyśmy z bezsensem za pan brat,
z bezmyślą za pani siostra
– a czas się chował za nami
i sunął szlakiem jak postrach,
a czas wyłaził z *zegarów*,
z krążących wkółdrzewnie cieni
i z schnącej szarawo trawy,
co była grobem zieleni –
– aż zbawił nas nagły podstęp,
kiedy ucieczka obrzydła
czas przekupiliśmy chytrze,
niebieski dając mu migdał
i odtąd już nie ucieka,
a cicho, cierpliwie czeka
i odtąd strajkiem sprężynek
staje zegar-aptekarz,
czyszczą wieczory lakierki
gwiazdami błyszczącą pastą;
wołają mnie na lenistwo,
wołają mnie na próżniactwo –
– idziemy sobie swobodne
ucztować na misach jezior,
strugamy nierzeczywistość
z rosnących nad wodą brzezin – –

21 kwietnia 1934

blue almonds like seeds—
we'd go toe-to-toe with senselessness,
with mindlessness behind your sister
—and time hid behind us
and glided along the trail like a terror,
and time crawled out *of the clocks,*
from the shadows circling in the trees
and from the grayishly drying grass,
which was a grave of green—
—until a sudden trick saved us,
when our escape grew disgusting
we bribed time on the sly
by giving him a blue almond
and from now on it no longer flees
but waits quietly, patiently
and from now on with its strike of springs
the apothecary clock stands,
the evenings shine patent leather shoes
with stars of glittering paste;
they call me to sloth,
they call me to loafing—
—we go about our leisurely
feast on the bowls of the lakes,
we sculpt unreality
out of the birches growing by the water— —

April 21, 1934

Zapomniane maje

Klasycznie

„Żyto" – powiesz, a będzie szeroko
„łany" – powiesz, a będzie rozlegle,
bąki będą się skrzydlić oblotom,
w rzekach trzciny zaszumią nad brzegiem –
cieniom – płynnie, pełzliwie, leniwie,
blaskom – szkliście, stalowo i silnie –
„jasno" – powiesz, a będzie świetliwie
„ciepło" – powiesz, a będzie badylnie,
a gdy dojrzysz słońce przez miody
i pszczelistą w pasiekach swawolę,
cichuteńko szepniesz– „ogrody",
cichuteńko szepniesz – „Czarnolas"

Romantycznie

Wymkniemy się, odżegnamy się znakiem tajnym, hasłem północnym
: urzekł księżyc srebrnym zaklęciem białe róże słowiczych wiosen –
jakże mają nas uradować niezawiłe twoje poranki,
kiedy w głębi, która się kłębi potopiły się świtezianki –
– a gdy minie nasza żałoba: ta noc czarna, jak czarna magia,
pogodzimy się z tobą sielanką poetyczną jak imię: Klaudia
i na usta smutnych kochanków miłujących się śpiewnym głosem
położymy zaklęte róże – białe róże słowiczych wiosen – –

Pozytywnie

O, byleby pełne kłosy przyniosły urodzaj mile –
o, byleby dojrzał owoc, gdy przyjdzie umrzeć mu kwiatem
– a że gdzieś kwitną czeremchy – to stara sprawa zapyleń,
przecież nie wzdycha bez na widok przyszłych matek;
w ogrodzie słoneczne ciepło wywoła nad ziemię szczaw,
nie zmieści się w naszych wiosnach „młodości, ty nad poziomy!..."
zbyt wielkie są wasze słowa dla naszych małych spraw
: dom zwykły szary od troski jest naszym wiosennym domem –

2 maja 1934

Forgotten May

Classically

"Rye"—you will say, and it will be wide
"the fields"—you will say, and they will be vast,
the bumblebees will be winging their way,
the reeds will rustle on the riverbank—
toward shadows—smooth, creeping, sluggish,
toward glows—glassy, steel and strong—
"bright"—you will say, and it will be luminous
"warm"—you will say, and it will be vined,
and when you see the sun through the honeys
and a bee-loving romp midst the apiaries
you will whisper softly—"gardens,"
you will whisper quietly—"Czarnolas village"

Romantically

We'll sneak away, we'll say goodbye with a secret sign, a midnight hoax
the moon bewitched the white roses of the nightingale spring with a
    silver spell—
how are your simple mornings supposed to make us happy
when in the swirling depths the dawnsisters have drowned—
—and when our mourning is over: this night dark as dark magic,
we will reconcile to you with a poetic idyll like the name: Claudia
and on the lips of sad lovers making love in a singing voice
we will place enchanted roses—white roses of spring nightingales— —

Positively

Oh, that the full ears would bring forth a harvest pleasantly—
oh, that the fruit would ripen when it perishes with a flower
—and that somewhere cherries bloom—it's the old matter of pollination,
after all, lilac does not sigh at the sight of future mothers;
in the garden the sun's warmth will bring the sorrel aboveground,
it will not fit into our springs "youth, you above levels!..."
too great are your words for our little affairs
: house plain and gray from care is our spring home—

May 2, 1934

Bojaźń księżycowa

Nie idź ściętą krawędzią sześcianów
i gzymsami ty ku mnie nie krocz; –
(dom jak narośl poziom przełamał
i w pion juździ cię geometrią)
igły anten nie wszyją cię w niebo
a kominy nie spiętrzą się wieżą –
– – marzeniami w srebroś się wgrzebał
w kocie okoś się wytęsknił i w księżyc.
Czemuś wybrał sobie ten rekord
majaczącą kochać ułudę?
kroczysz w górę ciału na przekór
jak kobiety senne do źródeł –
łysku słońca we dnieś nie dostrzegł
więc do tarczy mej odbić się przyszedł.
Czemuś wybrał sobie tę rozpacz
iść ku temu, czegoś się wyrzekł?
Jestem krągłym, fryzjerskim lustrem
odrzuconym jak zdobycz błyskom –
jakże ciebie mam teraz ustrzec
przed obłędnym mózgu rozpryskiem – –
Dom jak narośl poziom przełamał
i w pion juździ cię geometrią;
nie idź ściętą krawędzią sześcianów
i gzymsami wąskimi nie krocz – –

10 maja 1934

Fear of the Moon

Do not go along the beveled edge of cubes
and do not tread towards me along ledges—
(the house has broken the level like a growth
and it drives you forth vertically with its geometry)
antenna needles won't sew you up to the sky
and chimneys won't heap in a tower—
— —with your dreams you've clawed your way into the silver
into the cat's eye you longed for and into the moon.
Why did you choose this record for yourself,
to love in raving delusion?
You are walking up the body in defiance
like drowsy women to a spring—
you did not catch sight of the sun's glimmer below
so you came to ricochet off my shield.
Why did you choose this despair
to go towards what you have renounced?
I am a round barber's mirror
a glimmer cast aside like prey—
how can I protect you now
from the insane brain splatter— —
The house has broken the level like a growth
and drives you forth vertically with its geometry;
do not go along the beveled edge of cubes
and do not tread along ledges so narrow— —

May 10, 1934

Ucieczka

Nie odrąbię się od siebie całym światem
i nie wyprę się korzeni jak sosna –
o milcząca własnych bezsił aprobato,
jakże zwykłam się ze sobą, jakże zrosłam!

zaciążyłam sama sobie nienawiścią
do znoszonych jak rękawiczki dłoni
i do łydek, których żaden wyścig
w innodroże ciału nie pogoni –

Spowszedniałam sama sobie znudzeniem,
jak ulica, którą chodzi się co dzień
: na tych domach, gdzie nie święci się przemian
niespodzianki jak plakatu nie dojrzę –

ot – roiły mi się czary przemocą,
zastawiały na mnie sidła snów:
gdyby wyjść jakąś nocą
na łów...
gdyby uczcić bałwochwalstwem ciemność,
zapolować w zielu strutym na nów...

potem czartom faustowskim za miłość
rzucić księżyc jak królewską złotówkę
i za wszystko, czego *jeszcze nie było*
raz zapłacić znachorską łapówką;

wiedźmy z warów i z sroczych klejnotów
wyczarują mi oczy *nowe*:
niepowszedniość zewsząd odplotę
i o dziwach codziennych opowiem,

Escape

I will not detach myself from the whole world
and I will not deny my roots like a pine tree—
o silent selfless approbation,
how I have grown used to myself, how I have grown!

I have burdened myself with hatred
until my hands wore out like gloves
and until my calves, which no running
could drive into different-pathness for flesh— —

I have fallen upon myself in boredom,
like a street you walk every day
: in those houses where no changes are sanctified
I will not make out surprises, as in a poster—

but—the sorcery of violence swarmed over me,
and the snares of dreams set upon me:
if I went out one night
on the hunt...
if I were to celebrate the idolatry of darkness,
to hunt for the new moon in the poisonous weed...

then to the Faustian devils for love
toss the moon like a regal dime
and for everything that was not to be
once paid with a quack's bribe;

the witches of wars and magpie jewels
will conjure up my new eyes:
I'll untie the unusual from everywhere.
And I'll tell of the wonders of everyday life,

oszołomią mnie skwar i chłód
objawieniem nagłym jak szturmem,
w własnej skórze dojrzę ostry cud
wciąż rodzących się w tkance komórek –

dzień mi serce czuciem wychłoszcze
jak tą rózgą drzew dziewięciorakich –
do tęczówek najczulszych oczu
zewsząd wpiją się żądłem znaki

patrz: ucieczka mnie pędzi przed sobą
od zwyczajnień, jak choinki obrzydłych
o ty zdrado, która mnie wołasz:
nie powtórzyć się sobie nigdy –

patrz: ucieczka mnie wiodła północą
w niesłyszalny wtajemniczyć szum
ot – roiłaś mi się zdrado przemocą,
zastawiłaś na mnie sidła snów

oszukaństwem byłaś moim krokom,
okłamaniem czarów potępieńczych,
odpoczynkiem, po którym droga
jeszcze bardziej znużeniem męczy –

o ty zdrado, pachnąca ziół jadem,
nazbyt zwykłam się ze sobą, nazbyt zrosłam,
nie odrąbię się od siebie całym światem
i nie wyprę się korzeni jak sosna

choć już ciążę sama sobie znudzeniem,
jak ulica, którą chodzi się co dzień
choć na domach, gdzie nie święci się przemian
niespodzianki jak plakatu nie dojrzę –

16 maja 1934

The heat and the cold will overwhelm me
with a sudden revelation like a storm,
in my own skin I will see a sharp miracle
still being birthed in the tissues of cells—

the day will scour my heart with feeling
as with this rod of ninefold trees—
to the irises of most sensitive eyes
there will be stinging signs from all sides

see: my escape rushes ahead of me
away from the ordinary, like unsavory Christmas trees
o betrayal that calls me:
never repeat yourself—

see: flight has led me through midnight
into the inaudible hum
but betrayal, you plagued with violence
you set the snare of dreams for me

you were a ruse in my steps,
a deception in damning spells,
a rest after which the road
matches my weariness all the more

o you, betrayal, fragrant with the venom of herbs,
I have grown too used to myself, grown too much,
I will not detach myself from the whole world
and I will not deny my roots like a pine tree

though I am already burdening myself with boredom,
like a street you walk every day
although in houses where changes are not sanctified
I will not make out surprises, as in a poster—

May 16, 1934

Posucha

Na imię tobie: – dziewczyna,
a nam jest na imię: – sosny –
Skarżymy się tobie, siostro, na niecierpliwy niedosyt;
skarżymy się tobie, siostro,
która nam pomóc nie umiesz –
szukamy w tobie pokrewieństw,
niedoskonałe
i dumne.

Przekleństwo jałowym studniom
i niebu,
które jest ciepłe!
Skwarnie jest korze w południe,
choć twarda milczy zaciekle –
– coraz leniwiej nas sycą
smoły
gorętsze
i gęstsze
: tęskno jest naszym żywicom
za nagłą burzą
i deszczem;
sucho
jest naszym igłom
korzeniom naszym,
słońce nas żarzy jak rudę,
piasek nas tłoczy i parzy.
Wytłumacz głód niespodzianki tęsknotom sosnowych koron
– błagamy
modlitwą drzewną
o ostry jak topór piorun –
o, gdybyż ciachnął nam w wierzchoł,
przez pnie nam przegrzmiał do dołu,
w korzeniu bólem zatrzeszczał

Drought

Your name is: girl,
and our name is tree of pine.
We complain to you, sister, of an impatient malaise;
we complain to you, sister,
who can't help us—
we seek affinities in you,
imperfect
and proud.

   A curse to the barren wells
   and to the sky
   that is warm!
   The bark sizzles at noon
   though firm it is also fiercely silent—
   —more lazily we are sated
   tars
   hotter
   and thicker
   : our resins long
   for the sudden storm
   and the rain;
   dry
   to our needles
   and dry
   to our roots,
   the sun burns us up like ore,
   the sand presses us down and steams.
   Explain hunger for surprise to the longings of crowns of pine
   —we beg
   in wooden prayer
   o lighning sharp as an axe—
   o, if it had slashed us at the summit,
   through tree trunks thundered down upon us,

i w ziemię zstąpił i skonał.
o, gdybyż lunęło. Nagle.
I zachlastało. (W igliwiu.)
I rozchełstało się. (W chłostach.)
I rozhuśtało. (od zdziwień)

Przecina zachód pnie nożem –
krew górę zlewa ukosem.
O, głodzie dręczący przemian
o, głodna udręko posuch!
Skarżymy się tobie, dziewczyno, która nam pomóc nie umiesz,
szukamy w tobie pokrewieństw
niedoskonałe
i dumne –
różnie jest nam na imię
i wszystko jest nam inaczej,
– a przecież pojmiesz nas, młoda,
gdy w własne oczy
popatrzysz.

17 maja 1934

crackled with pain in the root
and descended and died in the earth.
o, if it had poured down. Sudden.
And clattered. (In a needle).
And fluttered. (In flogging).
And swung. (from astonishment)

It cuts through the west with a knife—
blood sinks the mountain at an angle.
O, hunger tormenting transformation,
o, hungry anguish of drought!
We complain to you, girl, who is not capable of helping us,
We seek in you affinities
imperfect
and proud—
we are each named differently
and to us everything is different,
—and yet you will understand us, young one,
when you look
into your own eyes.

May 17, 1934

Agonia

Kreślą się żółte gwiazdy
sentymentalną lirą –
Artemis biała i smukła
w księżyca przegląda się lustrze –
taki już gwiezdnych przeznaczeń
tajemnie zapadł wyrok:
nic cię nie może zbawić,
nic cię nie może ustrzec:
  : zdychasz, stara Europo,
  patosem brzękniesz jak trup,
  „o Francjo, – o Anglio, – o Niemcy, – o Litwo!!!",
  zanosisz się suchotnico
  kaszlem żołnierskich rytmów
  (: więzi bęben takt stóp),
  gnijesz gangreną – policją,
  ociekasz kodeksów ropą –
  – zdychasz, stara Europo!
  Jakże czeremchy naręcze
  w wąskie flakony ustawiać?
Jakże mi maj rozparskany
w chomąty
gnać
tabulatur?
Wyżarł twój ląd, wyżłopał
wolność, jak słodki nabiał,
przeżarł się, stara kanalia,
miodem rozgrzanych kwiatów –
  O drogo u stóp skomląca,
  gdziekolwiek, gdziekolwiek pójdę,
  credo moje najdroższe,
  bliźniaczo zrośnięte ze mną –
  spotka nas zwykły drogowskaz,
  rozłupie szlak wagabundom

Agony

Yellow stars are sketching themselves
with their sentimental lyre—
Artemis white and slender
looks into the moon
as into a mirror—
the verdict of such starry destinies
has already secretly passed:
nothing can save you
nothing can protect you:
   : you are croaking, old Europe,
   with pathos you bloat up like a carcass,
   "O France—o England—o Germany—o Lithuania!!!"
   o decrepit woman, you are wracked
   by the coughing of soldierly rhythms
   (: the beat of the feet imprisons the drum),
   you rot with gangrene-police,
   you drip with the pus of codices—
   —you are croaking, old Europe!
How do I fit a fistful of hagberry
into these narrow vials?
How can I
corral braying May
into a collar
of tablatures?
It gorged on your land, quaffed
freedom, like sweet dairy,
it glutted itself, the old scamp
with the honey of heated flowers— —
   O road at my feet, whimpering,
   wherever, wherever I will go
   my dearest creed
   fused, twinning with me—
   an ordinary guidepost will meet us,

(: więzi bęben takt stóp)
 i ogołoci z konarów
  zwykłe, pokorne drewno;
ale się w mózgu lęgnie
jak w leszczynowym orzechu
świadomość nikła i wątła,
że wyjście jest prawie obok
(przez cynk, przez metal i ołów
prąd ostry wybłyskiem – przeszedł)
: zdychasz już suchotnico,
Zdychasz, stara Europo –
  taki już gwiezdnych przeznaczeń
  tajemnie zapadł wyrok,
  nic cię nie może zbawić,
  nic cię nie może ustrzec –
  – kreślą się żółte gwiazdy
  sentymentalną lirą,
  Artemis biała i smukła
  w księżyca przegląda się lustrze –

3 czerwca 1934

will cleave the trail for vagabonds
(: the drum imprisons the beat of the feet)
and it will strip ordinary, humble wood
from the boughs
but it breeds in the brain
as in a hazelnut,
this faint and weak awareness
that the way out is at hand
(via zinc, via metal and lead,
a sharp current with a flash—has passed)
: you are croaking already, old wracked woman,
You're croaking, old Europe—
the verdict of such starry destinies
has already secretly passed
nothing can save you
nothing can protect you—
—yellow stars are sketching themselves
with their sentimental lyre,
Artemis white and slender
looks at the moon
as into a mirror—

June 3, 1934

Poznanie

Adam:

– łąko soczysta nadmiarem,
łąko tryskliwa zdrojem –
jabłoni, co dudnisz nocą
i w jabłkopadzie się gniesz,
jedno mam tylko
serce,
a ty masz oczu dwoje –
jedne mam tylko
usta,
a ty masz dłonie dwie –
o jakże jesteś bogata,
że tak mnie szczodrze
obdarzasz!
o jakże jestem biedny,
że tak muszę tęsknie
żebrać!
przychodzisz pewna i trwożna
do picia dzbannie zapraszasz –
patrzę na ciebie spragniony:
: brak mi ciebie
jak żebra; –
(korzeni, które zsychają
poznałem prosty niedosyt,
łączę z nimi w przekopie
dłonie
od głodu chore)

– a kiedy skomlę w niewiedzy,
jak ciebie
o ciebie
prosić?,

Recognition

Adam:

—meadow juicy with excess,
meadow spurting with health—
apple trees that rumble at night
and you bend in the applescapades,
I have only one
heart,
and *you* have two eyes—
I only have one
set of lips,
and *you* have two hands—
oh how rich you are,
that you so generously
bestow to me!
o how poor I am,
that I must always
come begging!
you come sure and fearful
you invite me to drink from a jug—
I look at you thirsty
: I lack you
like a rib—
(roots that wither
I recognized the simple insufficiency,
I joined them in the trenches
those hands
sick from hunger)

—and when I whine in ignorance,
like you
to ask
for you?

przychodzisz dobra jak woda
i ciebie jak łyk jej biorę –

Ewa:

Ty jesteś głodnym pytaniem – ja żywną odpowiedzią,
siostrzę się rodnie i sytnie z soczystą jak dynia ziemią –
– jeśli się kiedyś zabłąkasz, przyjdę do ciebie miedzą
i ścieżki twoje wywiodę z zagałęziałych zakrzewień.

10 czerwca 1934

you come as good as water
and I take you as a sip of it—

Eve:

> You are a hungry question—I am a living response,
> I sister myself to the pumpkin-juicy earth, fertile and sated—
> —If you ever stray, I will come to you along the perimeter
> and lead your path out of the branching bushes."

June 10, 1934

W skwar

Nie ma bowiem nikogo, kto by uczynił rozdział
wieczysty pomiędzy duszą dziewczyny a ciałem

(Ewa Szelburg)

Szły dziewczyny senne do źródeł –
– w skwar – –
w oczach lipło im słońce rude –
– w skwar – –
ciężkie dzbany i nóg bezwola
uginały im więzy kolan –
– w skwar – –

na opiętych złotliwie biodrach
ckniło w mosiądz słońcem południe,
– a szedł prorok cichy i dobry,
do sinawo mroźnej szedł studni –
– w skwar – –

pytał prorok dziewczyny smagłej:
– zali wiesz dziewczyno o duszy?
(bo czy liczył chwile przynagleń,
bo czy liczył godziny kuszeń
w skwar?)

w studni odbłysk wkwitło zarzewiem
roztrwonienie żarliwe latu –
– obejrzała dziewczyna siebie
i nie miała o sobie znaku,
zagubiła się cała w sobie,
w własnych piersiach, udach i nogach
i w smaglącym się żeńsko tonie
nie pojęła, nie przyjęła Boga –

In Heat

> For there is no one to make the separation
> everlasting between a girl's soul and her body
> —Ewa Szelburg

Sleepy girls approached the springs—
    —in heat— —
in their eyes glowing the sun red—
    —in heat— —
heavy jugs and legs helpless
weighted down the sinews of their knees— —
    —in heat— —

on tight gilded hips
cloaked in the brass of midday sun
—and the prophet paced, gentle and kind,
up to the blue frosted well—
    —in heat— —

the prophet asked the swarthy girl:
—but do you know, girl, of the soul?
(if he counted the moments of urgings,
if he counted the hours of temptation
in heat?)

in the well, a reflection burned into embers
dissipation of ardent summer—
—and the girl looked at herself
and had no sign of herself,
got lost in all of herself,
in her own breasts, thighs and legs
and in a drowning, feminine tone
did not understand, did not accept God—

– Odszedł prorok od niejasnych, ludzkich zmęczeń
w przezroczystą najbiblijniej dal pustyni;
– Nierozplotem, bezrozłąką lśniło słońce
w mroźnej studni (jak w dziewczynie, jak w dziewczynie)
(Od zmęczenia?) na wpół zgięte ręce mdlały,
w pełnych dzbanach kołysały kroki nudę
– i wróciły niepojęte w ciężkie bramy
i wróciły senne, senne od źródeł -
    – w skwar – –

22 czerwca 1934

—The prophet has departed from vague, human weariness
into the transparent, most biblical part of the desert
The sun shining unbroken, unsplitting
in a frozen well (as in the girl, as in the girl)
(Fatigued?) half-bent hands drooped,
boredom's footsteps swayed in the full jugs
—and returned incomprehensibly to the heavy gates
and returned sleepily, sleepily from the springs— —
    —in heat— —

June 22, 1934

Piosenka o przygodzie

Na białych szczudłach brzóz uciekało słońce maniacko,
wieczór uderzył
na alarm
w krzykliwy gong księżyca –
rozprysk srebrliwych kaskad
ziarnami odbłysków klaskał
i letnią ciepłą przygodę przez Wisłę tętnie przemycał.

Czekam. Czekam. Czekamy –
aż ostry wzruszenia klawisz
zabrzmi letnią przygodą
nieznaną piosenką o nas –
zodiak –
wykryty szalbierz
na sądzie boskim się łzawi
i łzy ociera liśćmi, liśćmi śniącymi w klonach –

Wieczór uderzył na alarm
Chlusnęło z mlecznych dróg rzeką.
Spokojny kontur sosny w ulewie blasków się zgubił.
– Piosenka jest pełna ciebie jak dzban gliniany mleka,
choć nic o tobie nie śpiewa,
choć nic o tobie nie mówi.

1934

Song of Adventure

On the white stilts of the birches the sun fled maniacally,
evening struck
alarmed
at the shrill gong of the moon
a splash of silver cascades
clapped the grains of their reflections
and warm, summer adventure pulsed across the Vistula.

I am waiting. I am waiting. I'm waiting—
Until the sharp key of emotion
will sound the summer adventure
an unknown song of us—
zodiac—
detected madman
in God's court he tears up
and wipes his tears with leaves, leaves shining in the maples—

The evening struck, alarmed.
It spurted from the milky ways as a river.
The calm outline of the pine tree in the downpour of glare has been lost.
—The song is full of you like a clay jug of milk,
though it sings nothing of you,
though it says nothing about you.

Phaedrus, lis i bocian

Na ucztę swą zaprosił raz bociana lis
I poczęstował go w najpłytszejz swoich mis,
A bocian zaś (tak nam przynajmniej głosi wieść),
Choć głodny był, nic w żaden sposób nie mógł zjeść.
Zaprosił więc do siebie lisa bocian nasz,
Roztarty pokarm wlał do jednej z wąskich czasz
Swym długim dziobem łatwo sam się najadł dość,
A głodem dręczył się niesyty jego gość.
Gdy lis daremnie lizał szyjkę czaszy tak,
Udzielił nam nauki w dal lecący ptak:
„Gdy naśladuje ktoś wasz jakiś dawny czyn,
Spokojnie trzeba znieść owoce własnych win".

1935

Phaedrus, the Fox and the Stork

Once a fox invited a stork to his feast.
He doled him a treat in the shallowest of bowls,
And the stork (so we're told)
Though hungry, couldn't eat a thing.
So our stork invited the fox over,
He poured the slop into one of his flasks
With his long beak he easily took his fill,
And his hungry guest was tormented.
When the fox licked the flask's rim in vain,
We were taught by a bird flying off into the distance:
"When someone mimes a past deed of yours,
Calmly you must bear the fruit of your own guilt."

On Centaurs

1936

O centaurach

Ścierają się rym o rym ostrzone wiersze ze szczękiem
– nie ufaj ścisłym rozmysłom, by żaden cię nie opętał,
– nie ufaj palcom, jak ślepcy,
ni oczom, jak sowy bezrękie –
oto głoszę namiętność i mądrość
ciasno w pasie zrośnięte
jak centaur. –

Wyznaję dostojną harmonię męskiego torsu i głowy
z rozrosłym ciałem ogiera i cienką pęciną nogi –
– do żeńskich chłodnych policzków
i kłębów okrągłych kobył
galopują wspaniałe centaury
w dzwonie podków z łąk mitologii.

Ich namiętność skupioną i mądrą
i ich mądrość płomienną jak rozkosz
odnalazłam w dostojnej harmonii
i stopiłam w pasie i sercu.

Popatrz:
namysł
o twarzy antycznej
zgrzanym koniom zawierzył swą boskość,
jak spętane rumaki po jaskrach
drżące zmysły pędzą po czerwcu.

On Centaurs

Sharpened verses, rhyme to rhyme, rub against each other with a chatter
—trust not the narrow faculties, lest any possess you,
—trust not fingers, like the blind,
nor eyes, like handless owls.
Here I preach passion and wisdom
tightly conjoined at the waist
like a centaur.

I profess the dignified harmony of a masculine torso and head
with the exuberant body of a stallion and thin hock of its leg—
—to the cold, feminine cheeks
and napes of rotund mares
they gallop majestically, the centaurs
in horseshoe bells from meadows of mythology.

Their passion focused and wise
and their wisdom smoldering like rapture
I found in a harmony dignified
and I alloyed them in waist and heart.

Take a gander:
a reflection
of an ancient face
entrusted its divinity to flushed horses,
and quivering senses rush through June
like trammeled steeds across the arnica.

Proces

1.

Na początku było niebo i ziemia:
czarny tłuszcz i chabrowy tlen –
i jelonki
przy gibkich jeleniach
z bogiem miękkim i białym jak len.

2.

Kredo,
juro,
triasie,
gleba się warstwi po słoju –
miocen naciera czołgiem w majestatycznym podboju.
I rozdział jest między wodą
a ziemią paproci i brzezin
– i widzi bóg, że jest dobrze gdy zorzą wstaje genezis.
Azot się parzy w lawie,
lawa zastyga lakiem,
góra
na górę
włazi
grzmiącym kosmicznym okrakiem,
karbon nasyca ziemię węglowo kamienną miazgą –
– i widzi on, że jest dobrze wilgotnym płazom i gwiazdom.
Żelazo tętni najkrwiściej
fosfor tęży się w piszczel – –
– a on śpiewającym powietrzem w fujarki kraterów gwiżdże.

3.

Na początku było niebo i ziemia
i jelonki
i jelenie płowe.
No a dalej bieg się odmienia:

Process

1.

In the beginning was heaven and earth:
black tallow and cornflower oxygen—
and fawns
flanking lithe deer
with god soft and white, flaxen.

2.

    Cretaceous,
    Jurassic,
    Triassic,
    soil layers itself into tree rings—
    the Miocene charges by tank in majestic conquest.
    And there's a separation here between water
    and an earth of ferns and birch woods
    —and he sees that it is good, when genesis awakens at dawn.
    Nitrogen is brewing into lava,
    lava congeals by lacquer,
    mountain
    surmounting
    mountain
    by cosmic thundering astride,
    the Carboniferous saturates the earth with coal-stone pulp—
    —and he sees it is good for moist amphibians and stars.
    Iron pulsates at its most bloody,
    phosphor tightens in the tibia— —
    —and he whistles into the crater pipes with singing air.

3.

In the beginning was heaven and earth
and fawns,
and flaxen deer.
But then the course changes:

oto
ciało
stało się
Słowem.

4.

Kiedyś pod wonnym aniołem dorodny drżał rododendron,
skrzypiały chrzęściły skrzypy wielkie i rosłe jak new-york.
W Koninie, Brześciu i Równem
na skwerkach
stokrotki więdną
i policjanci
po nocach
ślubne
małżonki
miłują.

this
flesh
became
word.

4.

   When sometime under the fragrant angel, the robust rhododendron
   trembled, they squealed, cracked, those puzzlegrasses, large and
         abundant, like New York.
   In Konin, Brest and Równe
   on the squares
   daisies wither
   and policemen
   night by night
   are loving
   their wedded
   wives.

Pycha

Spotykają razowych młodzieńców unerwione dziewice pszeniczne,
aniołowie o świeżym oddechu prezentują astralne ciała.
Wiem:
wplątałam się w dobro i zło
jak w stokrotną trójlistność koniczyn –
dzwonią jabłka wszelkiego poznania pomieszane w łykowych kobiałach.

Więc mam pytać o drogę
do *Ciebie*
zabłąkana na snów skrzyżowaniach?
Tyle razy już oczy niebieskie czarną nocą uczerniał dzień –
Osiemnaście zrudziałych czerwców
nie usłyszy,
krzycząc,
pytania –
Osiemnaście zim nie usłyszy siwych zim głuchoniemych jak pień.

Babskie ciepłe języki liści trą i sypią słowa na wiatr –
fanatyczny wąż z aluminium wije gniazda na rajskim drzewie.
Nie wiem, *Panie*,
co dobre,
co złe –
w osiemnaście wpatrzona lat –
zasłuchana, surowa i baczna
coraz bardziej,
coraz mądrzej,
nie wiem.

Pride

The innervated, wheaten maidens, encounter the wholemeal men,
the fresh-breathed angels present their astral bodies.
I know:
I became entangled in the good and the bad
like in a hundredfold trifoliate clovers—
the apples of all knowledge ring out, mixed up in bast-bound baskets.

So I am to ask for a path
to *You*
stranded at intersections of dreams?
So many times already, blue eyes darkened by day in the darkness
  of night—
Eighteen russet months of June
will not hear,
as they scream
the question—
Eighteen winters will not hear the stone-deaf, gray winters.

The womanish warm leaf-tongues rub and scatter empty words unto
  the wind—
a fanatical snake of aluminium winds its nests on the paradise tree.
I don't know, Lord,
what is good,
what is evil—
gazing into eighteen years—
attentive, raw and watchful
all the more headstrong,
all the wiser,
I do not know.

Canticum Canticorum

Pienią się winne jagody,
        Pachnący nard
                Ciężko zalewa sady –
Pasłam braciom mym trzody
        W słoneczny skwar –
                Dlatego jestem śniada;
Szumi noc granatowa,
        Od żółtych gwiazd
                Gore popieli się niebo.
Oczy płonące chowam
        W rzęs cyprysowy las
                Jako sadzawki w Hazebon.

„O, miła moja, otwórz –
        Obiegłem sad –
                Mam sypką rosę w kędziorach –
Usta mi twoje powtórz,
        Bym znowu zgadł,
                Czy piłaś jabłka z wieczora" –
„Jak mam tobie odemknąć
        Skrzypiące drzwi –
                Gdy suknie z siebie zewlekłam,
Matki mnie trzykroć przeklną,
        A stada kóz
                Nie dadzą słodkiego mleka".

Noc granatowa szumi
        I szczepki winnic rozchwiane,
                I liście fig –
I wcale zasnąć nie umiem,
        Bramy rozwieram drewniane –
                – A miły znikł.

Canticum Canticorum

Wine berries foam,
        Fragrant spikenard
                Heavily floods the orchards—
I grazed my brothers' flocks
        In the torrid heat of sunshine—
                And so am bronzed;
The buzzing night is granite-blue,
        From yellow stars
                The sky ablaze.
I hide my burning eyes
        In the cypress forest of eyelashes,
                Like the pools of Heshbon.

"Oh, my dear, open up!
        I ran round the orchard—
                With powdery dew in my curls—
Repeat them to me, your lips,
        So I would guess again
                If you drank apples from the evening"—
"How should I open it for you
        The creaking door—
                When I'm taking off the dresses,
Mothers will curse me three times,
        And the herds of goats
                Will not give sweet milk."

The night, granite-blue, buzzing
        And the vineyard's grafts twisting,
                And fig leaves—
And I can't sleep at all,
        I open the wooden gates—
                And my darling has vanished.

Szafranu i kasji wonność.
   Olejek ściekł
      I myrra ścieka na klamkę.
Ścieżka zaciera się wolno
   Jak spruty ścieg –
      Mrok czarnooki za gankiem.

Szukałam go – nie znalazłam.
   Wołałam go
      – Lecz mi się wcale nie ozwał.
(A piękny jest jako gwiazda
   Jak niebios dno –
      Każdy go tedy rozpozna).
Zaklinam was panny w wonnościach,
   Przez sarnę z kniei,
      Przez łanię nagłą jak zamach:
Nie szukajcie zawczasu miłości,
   Nie budźcie jej,
      Pokąd do was nie przyjdzie sama.

Saffron and cassia fragrances.
      Oil dripped
           And myrrh drips on the door handle.
The road blurs slowly
      Like a sprung stitch—
           A black-eyed darkness beyond the porch.

I was searching for him—didn't find him.
      I called him
           —But he said nothing.
(And he is pretty as a star,
      As heaven's recess—
           Everyone will recognize him.)
I enchant you, maidens in fragrances,
      Through a woodland roe deer,
           Through a doe sudden as assassination:
Don't look in advance for love,
      Don't wake her,
           Until she comes to you herself.

Treść

Ciężarny, gęsty pacyfik warczy pod taflą szklistą,
różowomięsna pantera jedwabne futro rozsadza –
biblijny boży wieloryb płonącym tranem tryska,
jak boży biblijny archanioł blaskiem ociekał na gwiazdach.

Widzisz –
to właśnie dlatego.
Czarnoziem rozsadza chodnik.
Pod każdą milczącą powłoką wietrzysz petardę treści.
Niebo od gwiazd się przepali
jak od rozwianych pochodni –
Przypływ i odpływ pociągów czas wzbierający obwieści.

A kiedy krzyczysz:
«śmiech»,
trzydziestodwuzębne rżą baby.
A kiedy szepczesz:
«śmierć»,
głuchoniema
ślepota
dławi.
Prężą się drżące zwierzęta, któreś z uroczysk wywabił,
których imionaś wysłowił,
któreś imieniem wysławił.

Sprawy czerwone i ciepłe z frazesów się rodzą jak z matek,
treść bulgocącym krwotokiem wybucha z śpiewnej udręki.
Imię pęcznieje światem –
świat się wydyma zaświatem –
– a ty
słowa ciałem porosłe
wymawiasz –
jak Stwórca –
z lękiem. –

Essence

The pregnant, thick Pacific growls under the glassy sheet,
the pink-fleshed leopard bursts out in silky fur—
god's biblical whale spurts with burning blubber,
like god's biblical archangel, he drips with glow amid the stars.

You see—
that's precisely why.
Rich soil bursts through pavement.
Under each silent surface you sniff out a firecracker of essence.
The sky will burn out of the stars
like windblown torches—
The ebb and flow of trains will announce the hour's swelling.

And when you cry out;
"laughter,"
Thirty-two-toothed braying women.
And when you whisper:
"death,"
blindness:
the deaf-mute
chokes.
They're stretching, these trembling animals you've lured from the wilderness,
whose names you've pronounced,
whom you have praised by name.

Red and warm matters are born of clichés as of mothers,
the essence erupts, in a gurgling hemorrhage out of melodic suffering.
The name bulges with the world—
the world is bloated with afterlife—
—and you
pronounce
words overgrown with flesh
like the Creator—
with dread.

Defraudacja

O rublowe, talarowe, o brzęczące dni,
czerwońcami dzwonił czerwiec,
potrząsiście dzwonił trzosem –
północami
jak reszkami
księżycowy połysk lśnił –
– południami
jak orłami
słońce biło w oczy kłosom –

   – a ja sama, a ja słaba
   wśród rojeń
   zapomniałam, że te dni są
   twoje.

2 lipca 1934

Fraud

O the ruble, o thaler—o the jingling of days,
June was ringing in red-gold pieces,
ringing with the jingling of a purse—
as midnights
like tails
the moonlight shone—
—as noons
like heads
the sun beat at the eyes of ears of corn—

   —and I alone, and I weak
   amidst dreams
   forgot, these days are
   yours.

July 2, 1934

Żegluga

W smolistej szczelnej arce własnych, rozgrzanych spraw
chłoszczący rozchłyst potopu
i świat świszczący
omijam –
tkliwe gołąbki wywiodłam z dalekiej zawiei zjaw,
płazy z błyszczącej miki
i giętkie dorodne żmije.

Symbole o skrzydłach kosmicznych
i krytych lakierem kłach
wpiły się w płowe grzywy zwierząt z biblijnej arki.
O, tępe słonie lenistwa, sny kołyszące na łbach!
O, pycho, o, szpony orle, wbite ekstazą w lwie karki!

O korab uderza świat złą metaliczną falą –
– tam
    mroczny
       upust
          chaosu
wrogi zawzięty potop –
– za ile jeszcze dni w dolinach zalśnią emalią
na gibkich kibiciach jabłonie w różowych papilotach? –
– a tutaj pachnie żywicą,
esencja tęży się z barw,
druciany sopran marców na lipców alt się nawija.
W smolistej, szczelnej arce własnych rozgrzanych spraw
chłoszczący rozchłyst potopu
i świat świszczący omijam.

Seafaring

In a pitch-ark, sealed of its own heated affairs,
the lashing flood's parting
and the wheezing world
I avoid—
I release the tender doves from a far-off blizzard of apparitions,
amphibians of shiny mica
and flexible, robust vipers.

   Symbol of cosmic wings,
   and lacquer-coated fangs
   clasped in the fawn manes of biblical ark animals.
   O, dull elephants of lethargy, dreams swaying on their heads!
   O, pride, an eagle's claws, buried in ecstasy in a lion's neck!

Oh, the ark strikes the world with a malicious, metallic wave
—there
    dark
       bloodletting
          of chaos
hostile, fierce flood—
—for how many more days until the valleys gleam with the enamel
of the supple-waisted apple trees in pink curlers?—
—and here it smells of resin,
the essence is full of colors,
the wiry soprano of Marches winds itself on the alto of Julys.
In the pitch-ark, sealed of its own heated affairs,
the lashing flood's parting
and the wheezing world I avoid.

Futro

O, rysie, żbiki i pumy wypchane najpuszyściej,
lisy o żółtych podszewkach i żółtych oczach ze szkła,
o runo rozwieruszone, rozpięte płasko i chytrze,
poranki rozwieruszone
napięte ciasno na snach,
o grząskie, wilcze igliwo leśne jak sosen włosie,
chaosie niedźwiedziej szczeci,
zamęcie zmąconych dni –
– czeszę cię ostrą pogardą,
o futro rozwianych mych wiosen,
sypkie kosmate futro,
bez mięsa,
kośćca
i krwi.

Fur

O, lynxes, wildcats and pumas stuffed to fluff,
foxes with yellow lining and yellow eyes of glass,
o, fleece blownlost, stretched flat and beguilingly,
early morning blownlost
strained taut on dreams;
o, miry, wolfish tree needles like pine fur,
the chaos of bears' bristles,
confusion of muddied days—
—I comb you with sharp disdain,
o, fur of my dispersed springtimes,
loose, shaggy fur,
without meat,
skeleton
and blood.

Gramatyka

(– a wrosnąć w słowa tak radośnie,
a pokochać słowa tak łatwo –
trzeba tylko wziąć je do ręki i obejrzeć jak burgund pod światło).

Przymiotniki przeciągają się jak koty
i jak koty są stworzone do pieszczot
miękkie koty ciepłe i potulne mruczą tkliwość andante i maesto.
Miękkie koty mają w oczach jeziora i ziel-topiel wodorostną na dnie.
Patrzę sennie w źrenice kocie
tajemnicze i szklane i zdradne.

Oto jest bryła i kształt, oto jest treść nieodzowna,
konkretność istoty rzeczy, materia wkuta w rzeczownik,
i nieruchomość świata i spokój martwot i stałość,
coś, co trwa wciąż i jest, słowo stężone w ciało.
Oto są proste *stoły* i twarde drewniane *ławy*,
oto są wątłe i mokre z tkanek roślinnych *trawy*,
oto jest rudy *kościół*, co w Bogu gotykiem sterczy,
i oto jest żylne tętnicze ludzkie najprostsze *serce*.

Zaś przysłówek to nagły cud
niespodzianka potartych krzesiw –
było coś nie wiadomo jak –
a już teraz jest *w skos i w poprzek*
i *oburącz* oplata myśl i jest *pewnie rzewnie i dobrze.*

A zaimki to malutkie pokoiczki,
gdzie na oknach rosną małe doniczki.
Każdy kącik – to pamiątka po dawniej
a są tylko *dla Ciebie i dla mnie.*
Tu tajemną abrakadabrą
kwitną prawa miłosnych algebr:
ja – to ty, ty – to ja (równanie)

Grammar

(—and grow into words so joyfully,
and love words so easily—
you just have to pick them up and look, like burgundy against the light.)

Adjectives stretch like cats
and like cats are made for petting
soft cats warm and docile purr tenderness andante and maestoso.
Soft cats have lakes in their eyes and green deepweed, herbaceous at
the bottom.
I look sleepily into the cat's pupils
secret and glass and deceptive.

Here is shape and form, here is the indispensable essence,
the concreteness of the essence of the thing, material embedded in a noun,
and the world's immobility and the peace of deadness and stability,
something that lasts still and is, a word concentrated in the body.
Here are simple tables and hard wooden benches,
here, their fibrous tissues are thin and wet grasses,
here is a ginger church, which protrudes with the gothic in God,
and here is the venous arterial simplest human heart.

Whereas an adverb is a sudden miracle,
a surprise of rubbed flints—
there was something no one knows how
and now it is diagonal and across
and with both hands it wraps the thought and it is surely sad and good.

And pronouns are tiny little rooms
where on windowsills grow small pots.
Each corner—a souvenir from the past
and they are only for You and for me.
This is a secret abracadabra
laws of the love algebras are flourishing:

ja *bez ciebie* – ty *beze mnie* to zero.
My lubimy otuleni zmierzchami
w małych słowach jak w szufladkach szperać.
Ja to ty – *ty to ja.* Równanie.
A zaimki są tak tajne jak kwiaty,
jak malutkie, malutkie pokoiczki,
w których mieszkasz w tajemnicy przed światem.

(– więc weź tylko słowo do ręki
i obejrzyj jak burgund pod światło,
a wrosnąć w słowa tak radośnie,
a pokochać słowa tak łatwo. –).

I—*that's you, you*—*that's me* (equation)
I *without you*—*you without me*, that's zero.
We love enveloped by twilights, searching
in small words as in dresser drawers.
I, *it's you*—*you, it's me*. Equation.
And pronouns are as secret as flowers,
like tiny, tiny rooms,
in which you live in secret before the world.
    (—so just take the word in your hand
    and look, like burgundy against the light,
    and grow into words so joyfully,
    and love words so easily—)

Dziewictwo

My...
Chaos leszczyn, rozchełstanych po deszczu
pachnie tłustych orzechów miazgą,
krowy rodzą w parnym powietrzu
po oborach płonących jak gwiazdy. –
O, porzeczki i zboża źrałe,
soczystości wzbierająca w wylew,
o, wilczyce karmiące małe,
oczy wilczyc słodkie jak lilie!
Ścieka żywic miodna pasieczność,
wymię kozie ciąży jak dynia –
– płynie białe mleko jak wieczność
w macierzyńskiej piersi świątyniach.

A my...
...w hermetycznych
jak stalowy termos
sześcianikach tapet brzoskwiniowych,
uwikłane po szyję w sukienki,
prowadzimy
kulturalne
rozmowy.

Virginity

We ...
Chaos of hazel, disheveled after rain,
the smell of fatty nuts' pulp,
cows give birth in the heavy air
in sheds burning down like stars—
O, currants and ripe grains
juiciness surging at the brush,
o, she-wolves nursing little ones,
their wolf eyes sweet as lilies!
The honeyed apiarydom of resins drips,
the goat's udder round like a pumpkin—
—white milk flows like eternity
in the maternal temples of breasts.

And we ...
... in little cubes of peach wallpapers,
hermetic
as a steel thermos,
tangled up to the neck in dresses,
lead
cultural
conversations.

To jedno

Dnie bumerangiem ciśnięte wrócą grotami przypomnień:
mizdrzyły się dziewki przepyszne,
wełniane owce szły z gór –
　　– co ciebie gnało przez wszystko, – rozważ, wyrachuj przytomnie,
co ciebie gnało przez pieśń –
　　las śpiewny –
　　　śpiew drzewny –
　　　　bór –

O, akwarele poranków, tłuste oleje południ,
senne pastele wieczorów i nocy głębokich węgle!
Ostrą źródlaną rozkosz czerpały wiadra ze studni –
to ciebie gnało,
to,
przez furkot, chorągwie i wstęgi.

To ciebie gna dziś przez czułość:
(– płyną ładowne okręty
pełne gromnicznych madonn o skórze z dotyku i wosku,
pannom pełnym słodyczy, tkliwym i uśmiechniętym,
pachną twarze z pierwiosnków i rude nasturcje włosów).

　　To ciebie gna przez patos:
　　(– Stygną cokoły zwycięstw.
　　Dłoń ci wybucha w pion. Sztandar wybucha nad dłoń.
　　Pioruny biją w rdzeń jabłek. Z grzmotem przelewa się życie.
　　I zachwyt odurza jak zapach. Czeremcha dudni o skroń).

W niemej arktycznej przeszłości z mapami wspomnień się włóczysz –
o wiadra nienasycone,
cynowe wiadra bez dna!
Ostrą, źródlaną rozkosz czerpiesz ze wszystkich kluczy.
Rozważam, rachuję i wiem:
– to jedno,
to ciebie gna.

This is One

Days thrown by the boomerang will return with the spearheads of reminders:
ambrosial girls make moon eyes,
woolen sheep emerged from the mountains—
   —what made you rush through everything—consider it, calculate consciously,
what made you rush through this song,
     the sung forest,
       the trees' singing,
         the wood—

O, watercolors of mornings, greasy midday oils,
sleepy pastels of evenings and charcoals of deep nights!
Buckets drew the acute spring bliss from the well—
it rushed you,
this,
through the furling, streamers and ribbons.

This rushes you today through tenderness:
(—the laden ships flow
brimming with godly madonnas,
with skin of touch and wax maidens full of sweetness, affection and smiles,
faces fragrant with primroses and red nasturtiums of hair.

   This rushes you through pathos:
   (—The victory plinths cool off.
   Your hand grabs from a plumb line. The banner explodes above your palm.
   Lightning strikes apples' cores. Life flows with thunder.
   And delight intoxicates like a scent. Bird cherry rumbles against the temple.

In the silent arctic past, you roam with memory maps—
o buckets unsatiated,
tin buckets, bottomless!
By acute, spring bliss you draw from all the keys.
I consider it, calculate, and I know:
this one thing,
is what rushes you.

Zdrada

Nie upilnuje mnie nikt.
Grzech z zamszu i nietoperzy
zawisł na strychach strachu półmysią głową w dół –
O zmierzchu wymknę się z wieży, z warownej ucieknę wieży
przez cięcie ostrych os,
przez zasiek zatrutych ziół –

Ciężko powstaną z rumowisk tłoczące turnie przykazań,
dwadzieścia piekieł Wedy,
płomienie,
wycie
i świst,
noc fanatyczna zagrozi, zakamienuje gwiazdami,
Rtęcią wyślizgnę się z palców.
Nie upilnuje mnie nic.

Ty w wilka się zmienisz, ja w pliszkę,
ty w orła, ja w kręte dziwy – –
nieprzeniknionym zamysłem uprzedzę każdy twój pościg.
Nie upilnuje mnie świat,
o, luby – o, drogi – o, miły,
jeśli nie zechcę
sama
słodkiej majowej
wierności.

Betrayal

Nobody will police me.
Sin of suede and bats
hung in attics of fear with a half-mouse head to the ground—
At dusk I sneak out of the tower, I escape the fortified tower
through the cutting of sharp wasps
through the barricade of poisonous herbs—

    Heavily they rise from debris, shaping the crags of commandments,
    twenty Vedic hells,
    flames,
    an ululation
    and whizz
    a fanatical night will threaten, throw stars as stones,
    I'll slip as mercury through fingers.
    Nothing will police me.

You will turn into a wolf, I into a wagtail,
you into an eagle, and I in the winding awes— —
with impenetrable intention I will anticipate your every pursuit.
The world will not police me.
O, darling—o, dear—o, my sweet,
if I myself
don't want
sweet May's
fidelity.

Wyjaśnienie na marginesie

Nie powstałam
z prochu,
nie obrócę się
w proch.
Nie zstąpiłam
z nieba
i nie wrócę do nieba.
Jestem sama niebem,
tak jak szklisty strop.
Jestem sama ziemią,
tak jak rodna gleba.
Nie uciekłam
znikąd
i nie wrócę
tam.
Oprócz samej siebie nie znam innej dali.
W wzdętym płucu wiatru
i w zwapnieniu skał
muszę
siebie
tutaj
rozproszoną
znaleźć.

Explanation in the Margins

I did not arise
from the dust,
I will not return
to dust.
I have not come down
from the sky
and I will not go back to heaven.
I am heaven herself
just like a vitric ceiling.
I am earth herself
just like fertile soil.
I did not escape
from anywhere
and I will not return
there.
Apart from myself, I don't know another distance
In the bloated lung of the wind
and in the calcification of crags
I must
myself
here
find
dispersed.

Obcość

Patrz:
purpurowy trubadur święto obwieścił surmami –
kupcy rozdają szkarłat i maści pachnącej miarki –
na szklanych szczudłach sopranu chwieją się mdlejąc pieśniarki –
tancerzom dzwonią torsy i ud błyszczący ornament –
– a tyś spowszedniał sobie
ulicą
mierzoną
co dzień,
a w tobie jest śmierć nieuchronna
jak igła krążąca w żyłach.
Radość przepływa
z dala
w różowej świątecznej łodzi
daleką obcą rzeką
z ultramaryny i z iłu.
Powiedzą o twoim żalu: „płaskostopy i karłowaty",
powiedzą o twoim smutku: „bielidło, olejek, róż".
Ni liryka z tkliwych batystów,
ni ciężki epos z brokatu
nie wyzna ciebie
nikomu
domysłem zza siedmiu mórz.

The Foreign

Look:
the purple troubadour has announced the holiday with surma-horns—
the merchants are handing out scarlet pigment and ointment-scented
      measures—
on the soprano's wobbling glass stilts the singers are fainting—
the dancers jingle their torsos, and thighs shine with ornament—
—and you have become ordinary
in the street
measured
each day,
and in you there exists imminent death,
like a needle coursing through your veins.
Joy flows
from afar
in a pink festive boat
along a distant, unknown river
from ultramarine and from loam.
They will say of your grief: "flat-footed and stunted"
they will say of your sadness: "white foundation, oil, blush".
Not the lyrics of affectionate batistes,
nor will the heavy epic of a brocade
confess you
to anyone
with a conjecture from beyond the seven seas.

Deklaracja

Teza

Zwierzęta o szorstkich językach poznały zaprawdę smak.
Wilki miłosne i głodne pełne są wiedzy i doznań.
Oto jest chwila obecna:
owady drążą ją w bzach,
osy o żądłach ostrych wwierciły się w słodycz do dna.
Na rożnie obraca się ziemia – wonna jelenia pieczeń,
słońce smolnym ogniskiem rumieni przypieka znak.
O uczto mięsożernych!
Czujne na głody odwieczne
zwierzęta o szorstkich językach poznały zaprawdę smak.

Antyteza

Ludzie o mięśniach zwiotczałych znają posmak i przedsmak.
Posmak – historia starców.
Przedsmak – łuna proroków.
A smaku miąższ miazgomózgi, czereśnia ciepła i cierpka
i śliwa zmiękła od soku daleko rosną za oknem.
(Historia: „o wiosno ludów, rewolto jak leśny pożar,
o, roku czterdziesty ósmy szumiący i niezatarty!"
Proroctwo: „o wiosno kolonii, wiosno kwitnąca na morzach,
w czterdziestym ósmym roku przyjdziesz pożogą afryk!")
Gnieżdżą się w skórach kozic,
w futrach łagodnych niedźwiedzi,
wiedzą,
że było –
że będzie –
a dzisiaj: pusty oczodół.
dzisiaj dzienny półksiężyc w mleczu pochmurnym się biedzi
i rosną w kawiarni stoliki pniami wymarłych ogrodów.

Declaration

Thesis

Animals of rough tongues thus knew the taste.
Wolves ardent and hungry are full of knowledge and senses.
This is the present moment:
insects drilling it into the lilacs,
wasps with sharp stingers drive through to the sweetness at their base.
Earth rotates on a spit—fragrant deer roast,
the sun with a tarry bonfire blushes through, broils the sign.
O, feast of carnivores!
Watchful over eternal hunger
animals of rough tongues thus knew the taste.

Antithesis

People of limp muscles know the aftertaste and foretaste.
Aftertaste—history of the elders.
Foretaste—glow of the prophets.
And the taste of flesh, brainpulpish, the cherry warm and tart
and the plumtree softened by juice grows far outside the window.
(History: "O Spring of Nations, o revolt like a forest fire,
o, the forty-eighth year, rustling and indelible!"
Prophecy: "O, spring of colonies, spring blossoming in the seas,
in the forty-eighth year you will arrive with Africa's fire!")
They nest in chamois skins,
in furs of gentle bears,
in knowledge,
they know—
that it was—
that it will be,
but today: an empty eye socket.
Today the daytime crescent-moon troubles itself in cloudy dandelions
and tables grow in the café with trunks of extinct gardens.

Synteza

Znam przedsmak rozkołysany,
posmaku ciszę bezbrzeżną,
i chwilę pieszczę ustami
gdy ciepła
ze snu się budzi.
Nie jestem niczym innym, jak mądrą odmianą zwierząt
i niczym innym nie jestem, jak czujną odmianą ludzi.

Synthesis

I know the foretaste of swinging,
the aftertaste of boundless silence,
and the moment I trace with my lips
when warmth
awakes from its sleep.
I am nothing but a wise variety of animalia
and nothing other than a watchful variety of people.

Zamiast różowego listu

Moje malutkie miasto ma zbyt wiele uliczek –
(nie mogę ciebie spotkać, choć co dnia wszystkie liczę).
Moje malutkie miasto ma uliczek za mało –
(nie ma w nim takiej jednej, by się dwoje spotkało).

Moje malutkie miasto mogło stać nad tysiącem,
które mają chodniki długo, długo idące,
a nad każdą by stały smukłych domów miliony
jak dynie pełne pestek drobiem ludzkim zmrowionych –
– a każda, co dzień inna pełna twego kochania
mogła święto spotkania na tych domach wydzwaniać,
na tych domach ogromnych kolorowych klawiszach –
– – a my byśmy szli
wiecznie,
a w nas byłaby cisza.

Moje malutkie miasto mogło stać nad króciutką
tylko jedną jedyną, jak strumyczek wąziutką,
a uliczka ta mogła mieć dwa tylko domeczki
naprzeciwne radosne roześmiane dzwoneczki –
– moglibyśmy wyjść sobie w jakiś wieczór lub ranek
z naszych domów: śmieszyczek, radośnianek, wiośnianek
i od razu się spotkać sercodzwonnie dłońwdłonnie
i patrzeć sobie w oczy
wiecznie
wiecznie
dozgonnie.

Moje malutkie miasto ma zbyt mało uliczek
i zbyt wiele uliczek,
których nigdy nie zliczę.

In Place of a Pink Letter

My tiny city has too many streets—
(I cannot meet you, though each day I count them all.)
My tiny city doesn't have enough streets—
(there is not one in it that two could meet on).

   My tiny city could stand over a thousand,
   which have sidewalks long, long, extending,
   and over each there would stand millions of slim houses
   like pumpkins full of wrinkled seeds like human poultry—
   —and each and every day different, full of your love
   could the festivity of meeting on these houses ring out,
   on these huge houses, these colorful piano keys—
   — —and we would walk
   eternally,
   and there would be silence within us.

My tiny city could stand over a short thing,
one and only one, narrow like a little brook,
and that street could have only two little bells,
opposite joyful laughing little houses—
—we could emerge some evening or morning
from our homes: chucklegirls, joybirds, springtimers
and immediately meet by heart, by hand,
and look into each other's eyes
eternally
eternally
lifelong.

   My tiny city has too few streets
   and too many streets,
   which I will never count.

Połów

Rybaczka:
Oczami jak agrafkami ostro wpięłam się w świat –
żółto strzelony promień w oczy wwiercił się świdrem –
znienacka ognistym dyskiem
blask w odblask źrenicy wpadł –
znienacka w zmrużeniu powiek
świat z chwytu oczu się wydarł.
Rybną zatokę zjawisk
omotam sieciami zmysłów –
patrz:
ryba biała i śliska, to biały i śliski dzień –
zgrzyt żwiru ziarna i żużlu
objawia rzeczy domysłem –
zarzucam sieci i mówię:
„co wiem,
co wiem,
to wiem". –

Morze:
Rozlałem się szeroko wylewnie jak epos
zielonym śpiewem liści,
czerwonym śpiewem krwi –
wierz we mnie
wierz zaocznie
jak w epos wierz na ślepo,
jak w epos białomięsnych, srebrnołuskich dni.
Wtrysnąłem życia świerkom po cięcie smolnej kory
ja —
morze rozparskane – spieniony śpiewem świat.
A ty –
rybaczko z brzegu
rozpięty złóż aforyzm,
bo w usta,

Fishing

Fisherwoman:
With eyes like safety pins I sharply plugged myself into the world—
shot in the way of yellow, a ray drove itself into the eyes with a drill—
all of a sudden with a fiery disc
a glow fell into the pupil's reflection—
all of a sudden in the lowering of eyelids
the world ripped itself from the eyes' grasp.
The fishing bay of phenomena
I'll ensnare with nets of senses—
look:
the white and slippery fish is a white and slippery day—
grating of gravel, grain and slag
reveals things by guesswork—
I cast the nets and say:
"what I know,
what I know
I know."

The Sea:
I spilled wide, effusive like an epic,
in the green singing of leaves,
in the red singing of blood—
believe in me
believe in absentia
as in an epic, believe blindly,
as in an epic of white-fleshed and silver-scaled days—
I injected life into spruces up to the cut of pitch bark
I—
snorting sea—world foamed with song.
And you—
fisherwoman of the shore
fold your hanging aphorism,
because in lips,

w palce,
w uszy,
pochwycisz tylko wiatr – –

Rybaczka:
Zarzucam sieci i mówię:
„co wiem,
co wiem,
to wiem" —
wiem, jaki miazga jabłeczna zostawia na wargach smak –
czereśnie sennie jak usta kłonią się z sennych drzew –
w dwa serca rozcięta grusza
ma sokiem płynący znak.

Morze:
(z Bogiem prawuje się ziemia głosem ochrypłym od drgania –
dudni, przeklina ziemię lawa grzmotem i rykiem –)
Rybaczko z tamtego brzegu, sieć swoją próżno wyganiasz:
rybami, których nie dojrzysz
jak wywar po brzegi kipię –
mówisz na brzegu o sieci
pięć zmysłów łączysz powojem,
a nie wiesz ilu ci braknie żeby wyruszyć na połów –
jak pachnie księżyc na mrozie?
i jaki smak ma dno moje?
jak w zmysły dziurawe i wąskie
chwycisz
tabuny
aniołów?

Rybaczka:
Wiem tylko o żużlu i żwirze
że zgrzyta –
o łuską pluszczącej fali
że pryśnie –

in fingers,
in ears,
you'll only catch the wind— —

Fisherwoman:
I cast the nets and say:
"what I know,
what I know
I know— —"
I know what kind of taste apple-pulp leaves on lips—
the cherries sleepy like lips bow down from sleepy trees—
the pear-tree cut into two hearts
has a sign flowing with juice.

The Sea:
(with a voice raspy from shaking, earth quarrels with God—
rumbles, lava curses the ground with thunder and roaring—)
Fisherwoman of that shore, you idly rid your net:
of fish you won't be able to spot,
like stock, I boil over the brim—
on shore you talk of the net,
you bind the five senses in ivy,
you don't know how many you lack for fishing—
how the moon smells in the frost?
and what taste the bottom of me has?
how in the senses perforated and narrow
will you capture
herds
of angels?

Fisherwoman:
I only know about the gravel and slag
that it grates—
about the wave sloshing with scales
that it splashes—

o kosie, co w skos lśni w trawie
że syta –
– a o ust lśnieniu i pieśni,
że śni się – –

about the scythe that shines aslant the lawn
that it's sated—
and about the maw's shining and song
that it comes in dreams— —

Later Poems

Ballada o krytykach poezje wertujących

Przyszedł krytyk i rzekł: „Podejrzane –
za tym rymem, proszę panów, za tym rymem
coś wyraźnie zalatuje Leśmianem,
a ponadto, powiedziałbym, Tuwimem" –

Przyszedł drugi i trzeci, i czwarty
i zaczęli węszy nosem i wyliczać,
z awangardy, proszę panów, z awangardy
w pierwszym rzędzie wymienili Czechowicza.

Wytoczywszy wszystkie swoje na to racje,
noc śródmiejską przy kieliszku poszli zbadać –
takie właśnie, a nie inne dekoracje
przewiduje o północy ta ballada –

Siedli w knajpie, gdzieś pod oknem i księżycem,
i po każdym wypalonym papierosie
podejrzliwie wyglądali na ulicę
i węszyli księżycowe pismo nosem –

a że była właśnie wiosna, z chytrą miną
nagle stwierdził imć pan Kalikst Kolasiński,
że ta wiosna, proszę panów, i to wino
najwyraźniej zalatuje mu Wierzyńskim –

na to stwierdził imć pan Filip Filipowski,
że to gwiazdki i ten księżyc tam na boku
są pod wpływem niewątpliwym Pawlikowskiej,
co od dawna należało mieć na oku.

Słysząc wszystkie te i inne rewelacje,
gniewny diabeł wysiadł z trzaskiem z swej karocy –

Ballad About Critics Flipping Through Poetry

A critic came and said: "Suspicious—
behind this rhyme, gentlemen, behind this rhyme
there's a distinct smell of Leśmian,
and also, I would say, Tuwim."

A second came, and a third, and a fourth,
and they started sniffing around with their noses about and listing—
from the avant-garde, gentlemen, from the avant-garde
in the first row, they mentioned Czechowicz.

Having put forth all of their rationale,
they headed off to dissect the downtown night over shots—
those, not other flourishes,
that this ballad predicts at midnight.

They sat in a pub, under the window and moon,
and after each extinguished cigarette
they peered suspiciously into the street
and sniffed at the moon's writing with their noses.

and since it was just spring, with a sly face
suddenly Mr. Kalikst Kolasinski said
that this spring, gentlemen, and this wine
evidently whiffs of Wierzynski to him—

at this Mr. Filipowski said,
that those stars and that moon over there on the side
are undoubtedly influenced by Pawlikowska,
... which we should have long since been on the lookout for.

Hearing all these revelations and more,
the wrathful devil emerged from his carriage with a bang

takie właśnie, a nie inne dekoracje
przewiduje ta ballada o północy –

    i dosypał do kieliszków szczyptę cjanu,
    jadowicie mędrkującą brać ugościł –
    nic dziwnego w tym nie widzę, proszę panów,
    są granice nawet diablej cierpliwości

I męczyli się krytycy ciemną nocą,
a męczyli się z powyższych oto przyczyn:
nie wiedzieli co ze śmiercią swoją począć
i do rzędu jakich śmierci ją zaliczyć –

    aż pomarli, odetchnąwszy nieco raźniej,
    gdy nad rankiem ktoś bystrzejszy z nich wyszeptał:
    „nasza śmierć jest zerżnięta naj-wy-raź-niej
    Z motywów
    Bertolta –
    Brechta – – "

1936

those, not other flourishes,
that this ballad predicts at midnight.

... and he sprinkled a pinch of cyanide into their glasses..,
and he treated them to it, those venomously wisecracking brethren—
I see nothing strange in this, dear gentlemen,
there are limits to even the devil's patience.

And the critics were tormented in the dark night,
and they agonized for these reasons:
they did not know what to do with their death
and into which category to place it—

until the day they died, breathing a little easier,
when in the morning the cleverer of them whispered:
"Our death is pla-gia-rized
from the motifs of
Bertolt
Brecht."

Rozprawa

Panna

Barometry pulsują rtęcią. Fale epok biją o granit.
Izobary barwione cynobrem pełzną w strefie strzyżonych traw.
Żony wierne i w pasie wcięte, do niewieścich gotowe spraw,
pachnidłami suto się maszczą i nieskromny wdziewają aksamit.
W srebrny oksyd północ przetapia rozpaloną rudę zachodu,
unerwione czułe anteny lunatycznym krążą szeregiem.
Śpiewam piękne, szumiące zdarzenia, botaniczny rozkwitły eden,
wierzchy spraw tryskające kwiatami, rozwichrzone grzywy ogrodów.

Trybunał

Przemilczasz sprawy ważne dla spraw kwitnących różowo,
nie mów stygnącym szeptem: „Lew czyha na drodze i miecz".
Rozdrąż ubitą ziemię, pod ziemią wikła się rzecz,
poszukaj ssących korzeni pod mchami chmurnych parowów.
Z lenistwem tępo się tarzasz na pianie rozdętych pierzyn,
gdy tyle drogi przed tobą i drogi nie sposób skrócić;
nim świat, z wodoru powstały, w biały się wodór obróci,
dzieje swarliwe i wielkie przyjdzie ci jeszcze przemierzyć.

Panna

Nie wydawaj na mnie wyroku. Jeszcze przypływ pieni się snami,
nienawykłe jeszcze mam ręce, żeby w morze rzucić się wpław,
jeszcze patrzę senna i słaba: fale epok biją o granit,
fale epok rozkołysane niosą szczątki samotnych naw.

Trybunał

Amon dobry, czuły Ozyrys
sól kainitów stężył ci w kości,
w fosforytach mocnych cię wyrył,
w ścisłe przęsła szkielet wymościł –
żółty Amon, bóg dobrotliwy,
przeciw fali kazał płynąć;

The Trial

Young Lady

Barometers pulsate with mercury. Waves of epochs beat against granite.
Isobars tinted with cinnabar creep in the zone of shorn grasses.
Wives faithful and cinched at the waist, ready for female affairs
perfume themselves lavishly and don immodest velvet.
Into silver oxide the north melts the red-hot ore of the west,
the enervated tender antennae circling in a lunate array.
I sing of beautiful humming events, a botanical bloomed eden,
tops of affairs bursting with flowers, the winding mane of gardens.

Tribunal

You pass over important matters for matters blooming pink,
do not speak in a cooling whisper: "The lion lurks in the road and the sword."
rip up the packed earth, beneath the earth the thing is entangled,
look for sucking roots under the mosses of clouded vapors.
Lazily, dully, you roll on the foam of bloating eiderdown,
when there's so much road ahead and no way to shorten it;
before the world made of hydrogen turns to white hydrogen,
you will still have to traverse through contentious and great happening.

Young Lady

Do not pass judgment on me. Still the tide foams with dreams,
my hands are not used to throwing myself to sea
I look sleepy and weak: the waves of the epochs beat against the granite,
the rocking waves of epochs carry the remains of lonely pews.

Tribunal

Amon the good, tender Osiris
he coagulated the salt of the Cainites into your bones,
carved you in strong phosphorites,
he made you a skeleton in strict arches,
yellow Amon, benevolent god
he made you swim against the tide;

jesteś treścią dziejów swarliwych,
jesteś świata treścią jedyną.
Płyńże od życia do życia,
zostawiaj znaki i słowa,
jak na falujących obwiciach
z falą się tępą prawować.

Panna

Noce szumią jak muszle, płoną biblijne krzaki,
wzniosła surowa Joanna strzyże baranią wełnę.
O, drogowskazy strzeliste, w czas niepojęte znaki,
niepochwycone przeczucia, ocknienia przypomnień pełne!
O szklane gwiazdy przewodnie w jelenich polarnych rogach,
o znaki, które mi dano, a których pojąć nie umiem!
Nocny tętent czeremchy przez rozwalone wrota
trwoniłam nieroztropnie w płynnych południ poszumie.
Nie wydawaj na mnie wyroku. Jeszcze znak mnie zmyli niejeden,
zanim znajdę sprawy korzenne gęsto mchami skryte od spodu –
nim porzucę szumiące zdarzenia, botaniczny rozkwitły eden,
wierzchy spraw tryskające kwiatami i rozwiane grzywy ogrodów.

1936

you are the bitumen of contentious happenings,
you are the only content of the world.
Swim from life to life,
leave signs and words,
as on the undulating peripheries
reasoning dulls with the wave.

Young Lady

Nights are humming like shells, biblical bushes are burning,
the lofty stern Joan shears the lamb's wool.
O soaring signposts, signs not comprehended in time,
ungrasped premonitions, awakenings full of reminders!
O glassy guiding stars in the deer's polar horns,
O signs given me which I cannot understand!
The night's trot of the Mayday tree through the shattered gates
that I frittered away unwisely in the hum of flowing middays.
Do not pass judgment on me. I am yet to be misled by many a sign,
before I find root matters thickly mossed, hidden from beneath—
before I abandon humming events, a botanical eden in bloom,
tops of affairs bursting with flowers, the winding mane of gardens.

Ucieczka

Rozżarzony płomieniami barw dziki ogród tkwi w ziemi jak lont,
przytknij czerwień gorącą jak ogień, i wybuchnie ziemia petardą –
pyszny paw z kolorowej emalii w pełnym słońcu przechadza się hardo
za szpalerem liściastych klonów ustawionych w zielony rząd.

Tak jest w dzień: słoneczniki krążące, ostrych jaskrów rozsiane iskry,
liście klonów kryte lakierem i wyniosłe, krzykliwe pawie;
północ jasna jak żółte południe od połysku i blasku błyskawic,
grom za gromem drzewa zapala samym blaskiem i samym połyskiem.

Po samotnych krążę pokojach, o ogrodzie myśląc nieznanym,
zapatrzona w szare obicia, zasłuchana w skrzyp i szelesty,
ja – jedyna wiadoma ziemia pośród martwo krążących planet,
pośród spraw jawnego koloru i niejawnej, niejasnej treści –

patrzę w luster stojące stawy i wypływam z nich jak topielec,
oczy badam dłonią wylękłą i wyczuwam twardy oczodół,
wtedy – krzyk – i wybiegam na oślep do pawiego, barwnego ogrodu,
do miedzianych drzew rozżarzonych i do bzów rozpalonych do bieli,

w zatrzęsienie wpadam kasztanów, w kołysanie leszczyn i wierzb,
w krzątaninę mglistych pozorów i niejawną, niejasną treść –
płaczę z żalu,
całuję w usta,
śmiechem parskam
i marszczę brew,
tylko życie mi w życiu zostaje,
by o śmierci zapomnieć na śmierć.

1937

Escape

Glowing with flames of color, the wild garden sticks in the ground like a fuse,
touch the red, hot as fire, and the earth will explode like a firecracker—
a delicious peacock of colorful enamel strolls proud in the sunshine
behind a row of leafy maples arranged in a green row.

So it is by day: sunflowers circling, scattered sparks of sharp buttercups,
maple leaves varnished and lofty, flamboyant peacocks;
midnight bright as an acorn noon from the gloss and glare of lightning,
thunder after thunder lights the trees with sheer glare and sheer gloss.

In lonely rooms I roam, thinking of the garden unknown,
gazing at the gray upholstery, listening to the creaking and rustling,
I—the only known earth among the deadly circling planets,
in the midst of things of explicit color and implicit, unclear content—

I look into the standing ponds of mirrors and float out of them like
    a drowning man,
I examine my eyes with an anxious hand and feel the hard eye socket,
then, screaming, I pitch myself blindly into the peacock's colorful garden,
to the coppery glowing trees and to lilacs burnt white,

I fall into the wealth of chestnuts, into the swaying of hazels and willows,
into the clamor of misty appearances and unmanifest, unclear content—
I weep with grief,
I kiss on the mouth,
I snort with laughter
and crease my brow,
only life remains,
to forget about death in death.

Współczesność

Spójrz na strzaskane pokłady, na załogę spójrz niezaradną:
To uczeni dziwaczni jak kraby, ekstatycznie zapatrzeni w rad,
To młodzieniec z żagwią sztandaru, który zachwiał się właśnie i padł,
To prorocy wieszczący ziemię z wątłych statków idących na dno,

To poeci co zmilkli od chłodu, gdy ich mroźny nie wybrany wiek
z wysadzanej gwiazdami wieczność po raz setny odarł i okradł
– z wątłych statków idących na dno jak na dłoni widzieli brzeg:
na nim zieleń jest bardzo świeża i źródlana woda jest słodka.

I na drugą spojrzyj gromadę, na buńczuczną mocną w więzach łódź:
kadź broniąca tęgiego wina pękła z hukiem jak pękaty granat,
starzec brodę karbowaną szarpie i wygraża zimnym ogniom planet,
i płomiennę bełkoce przemowę Odoaker, Herulów wódz,

czarnym orłom chrapliwych przekleństw, schnącym twarzom
     fanatycznych mnichów
wszetecznice ciskają z piskiem fruwające ptactwo chichotów.
Oto ptasi gwarny rozgardiasz ochrypniętych ciemnych przelotów,
zaplątany w pijany zamęt, w przejmujący, wibrujący chichot.

Teraz wiesz już, że zginą okręty, o zdradliwe rozbite mierzeje,
i że zginie buńczuczna łódź nie widząca czułego wybrzeża,
gdzie źródlana woda jest słodka, trawa bardzo pachnąca i świeża,
i gdzie płynie mleko i miod.
     Oto zwierzam ci nasze nadzieje.

1937

Contemporaneity

Look at the shattered decks, look at the crew unconcerned:
They're scholars as bizarre as crabs, ecstatic about radium,
It is the young man with a banner's sail who has just staggered and fallen,
It is the prophets heralding the earth from frail ships going down,

    It is the poets who fell silent at the cold when their frozen age went
        unchosen,
    of a star-strewn eternity stripped and robbed for the hundredth time
    —of frail ships going down they saw the shore clear as day:
    on it the greenery so fresh and the spring water sweet.

And take a look at the second cluster, on a humdrum boat strong in bonds:
the vat of stout wine burst with a bang like a busted grenade,
the old man's crimson beard tugs and threatens with the cold fires of the
        planets,
and a fiery speech is babbled by Odoacer, the Herul chief,

    for black eagles of snarling curses, for drying faces of fanatical monks
    prostitutes squeal and sling the flying fowl of giggles.
    Here's a bird's hubbub of hoarse dark flights
    entangled in drunken confusion, in poignant, vibrating giggling.

Now you know the ships will perish, o treacherous shattered shoals,
and that the beached boat will perish not seeing the tender coast,
where the spring water is sweet, the grass very fragrant and fresh,
and where milk and honey flow.
      Here, I confide in you our hopes.

Żar-Ptak

Nie znam spełnienia swego, jak nie znam śmierci swojej.
Wśród jakich drzew sandałowych i pośród jakich aniołów,
mądrym żądłem języka struny wspierając gardłowe,
Żar-Ptak o piórach z płomieni tokuje i niepokoi?

Pod niebem zoologicznym zwierzęcy zziajany park
łączy gwiaździsty znak lwa z lwicą zażartą i żywą;
miłosne gaje przebiegam. Ziemia do lotu się zrywa,
niebo powoli opada. Zderzają się obok mych warg.
Czy tu mnie skrzydło uderzy i oczy porazi blaskiem,
gdzie różą wiatrów gorącą czerwiec napęczniał i kwitnie?
Przebiegam czujna i patrzę: w trawie dziewczęce przepaski
i celne łuki myśliwskie w innej zgubione gonitwie.
Miły mnie dojrzał i wybrał – i oto kroczy jak lew:
„Okręt odpływa dziś w czułość, czeka z szumiącą banderą!".
Daremnie. Wiem: nie pojadę. Nie tutaj jeszcze, nie teraz
metalem roztopionym ptasi zachłyśnie mnie śpiew.
Bo oto łopot przelotu. Trzepot i popłoch we snach.
Mięciutki księżyc łaskocze zgubiony w przelocie puch.
W oddali przeciągły bulgot. To tokowanie. I znów
nie znam spełnienia swego, jak śmierci swojej nie znam.

W bitwę mnie pogoń prowadzi z zielonych miłosnych gajów,
Żar-Ptak z piór rozżagwionych zatacza koła nad bitwą,
wodzowie sprawdzają zbroję, sławę węszący zaszczytną,
przykrywam przyłbicą twarz, pomna rycerskich zwyczajów,
i ciężki wyciągam miecz – a okiem kołuję w górze.
Pędzi spiżowy mój wódz i głosem wrogów roztrąca:
„Okręt odpływa w zwycięstwo, czeka z banderą szumiącą!".
Daremnie. Wiem: nie pojadę. Żar-Ptak zatonął mi w chmurze.

Zdejmuję sennie przyłbicę i idę świadoma strat
w pełne podziemnych wspomnień i snów wiejących od ścian

Fire-Bird

I know not my own fulfilment, as I know not my own death.
Among what sandalwood trees and among what angels,
with a wise sting of the tongue supporting throaty strings,
the Fire-Bird with feathers of flame caws and disturbs?

The panting animal park under a zoological sky
hitches the starry sign of the lion to the fierce and lively lioness;
I run through the groves of love. The earth breaks into flight,
the sky slowly descends. They collide beside my lips.
Is it here that my wing will strike and my eyes will glaze over,
where June has swollen and blooms in a rose of hot winds?
I run through, alert, and I glance: girls' headbands in the grass
and deft hunting bows in another lost chase.
My beloved has matured and chosen me—and here he steps like a lion:
"Today the ship sails away to tenderness, waiting with a stirring banner!"
In vain. I know: I will not go. Not here yet, not now
with molten metal the bird's song will throw me into rapture.
For here is the flutter of flight. The flutter and panic in my dreams.
The soft moon tickles the down lost in flight.
In the distance there is a dull bubbling. Here, the cawing. And again
I do not know my own fulfillment as I do not know my death.

The chase leads me from verdant groves of love into battle,
The Fire-Bird of feathered flame circles above the battle,
the chieftains check my armor, nosing around in their honor and glory,
I cover my face with my visor, mindful of knightly customs,
and I draw my heavy sword—and aiming my eye I swing upwards.
My bronze leader rushes forth, and strikes at his foes with a sound:
"The ship is sailing away to victory, waiting with banner stirring!"
In vain. I know: I will not go. The Fire-Bird has sunken toward me in a cloud.

I remove my visor sleepily and go, aware of the losses
into the subterranean memories and dreams blowing off walls,

ciche, zastygłe podziemia. Zmęczenie dławi mi krtań,
a za mną smugą surową wiersze znaczą mój ślad.
W kamieniołomach smutku wyrzekam się ptaków i spełnień,
dotykam kolumn bazaltu: – „Panie, – powtarzam śpiewnie, –
wypróbuj mnie smutkiem, rozpaczą, dnem zatracenia i zguby,
lecz szczęściem już nie doświadczaj, nie przetrwam bowiem próby".

I nagle – łopot przelotu. W oddali głos mi się roi,
w zielone soczyste gaje wybiegam znów, i znowu
mądrym żądłem języka struny wspierając gardłowe,
Żar-Ptak o piórach z płomieni tokuje i niepokoi.
Lecz nie ma rzeczy zupełnych – i żadna dlatego rzecz
nie wtrąci mnie w miłość doszczętną, zwątpienie doszczętne ni gniew,
blask piór mnie nie porazi, nie zakołysze mną śpiew,
i skrzydło mnie nie uderzy i nie odrzuci wstecz.

1937

of the silent, frozen underground. Fatigue chokes my larynx,
and behind me, poems mark my trail in a raw streak.
In quarries of sorrow, I renounce birds and fulfilments,
I touch columns of basalt: "Lord," I intone,—
"try me with sorrow, despair, the depths of perdition and doom,
but don't make me happy anymore, for I won't stand the test."

And then—a shudder of flight. In the distance my voice swarms,
into the green, luscious groves I run again, and again
with a wise sting of the tongue supporting my gullet strings,
The Fire-Bird of feathered flame caws and disturbs.
But nothing is complete, and therefore not a thing
can throw me into complete love, into complete doubt, or ire,
nor shall the splendour of feathers smite me,
nor shall the singing of a song rouse me,
and a wing won't strike me and cast me back.

Powołania

Sławiąc wojenne rzemiosło wierszem przebitym cenzurą,
rymem gwałtownym i męskim nienawiść męża do męża,
młodzieńcy o łydkach krzemiennych ciasno opiętych skórą
ze szczękiem szli nagolennic i blaskiem rażącym oręża.

Euforbos dźgnął Patroklesa, – jak pięknie Hektor go dobił,
w szyszaku szumiącym Achilles, jak pięknie raził Hektora!
Chwalcież maczugę i topór, miecz obosieczny i chrobry,
przemyślną taneczność ciosu i ostrą roztropność oporu!

Waszą jest sprawą osądzić strofą żołnierską i mocną
nienawiść męża do męża i wyrok w śpiew ucieleśnić –
a moją płomienną sprawą
w rozgrzane dzbany nocy
cedzić dzwoniące miody
żeńskiej
odmiennej
pieśni.

1937

Callings

Praising warcraft with verse pierced by censorship,
with a violent rhyme and masculine hatred of man for man,
young men with flint calves bound tightly in leather
walked with the clinking of greaves and blinding light of weapons.

Europhobos stabbed Patroclus—how beautifully Hector finished him off,
in a humming pot helmet, how beautifully Achilles would stun Hector!
Praise the club and the axe, the double-edged and valiant sword,
the thought-through dance of the strike and sharp wariness of the defense!

It is your lot to judge with a soldier's stanza and a strong
hatred of man for man to embody along with your verdict in song
and my fiery affair
through searing carafes of night
is to strain the resounding honeys
of a feminine
different
song.

Pegaz dziś się na mnie dąsa
i beze mnie zwiał w zaświaty,
jestem sama i roztrząsam
świata tego problematy—
uwikłałam się w oploty
scholastycznych wątpliwości,
czy miłuję cię z głupoty,
czy głupieję od miłości.

1937

Meditations

Pegasus pouts at me today
and he has dashed off into the afterlife without me,
I'm alone and I ponder
the problems of this world—
I've gotten mixed up in the entanglements
of scholastic doubts,
whether I love you out of stupidity,
or am I stupid with love.

Wyjaśnienie

Żeby rzecz wyjaśnić wreszcie
tak czy owak, tak czy siak,
kiedy spytasz: „Czy mnie kochasz?",
powiem tobie: „Nie i tak".

Powiem tobie po namyśle,
nie na oślep, byle jak.
Mówiąc „Nie" rzecz jasna skłamię,
by nie skłamać mówiąc „Tak".

Mówiąc: „Tak" zaś, skłamię po to,
by nie skłamać mówiąc: „Nie".
Mam nadzieję, że już teraz
nie zrozumiesz słów mych źle.

1937

Explanation

To clarify things at last
one way or another
when you ask me, "Do you love me?"
I'll tell you "No and Yes."

I'll tell you on second thought,
not blindly, just like that
When I say "No," of course I'll be lying,
so as not to lie when I say "Yes."

And when I say "Yes," meanwhile I will lie
in order not to lie when I say "No."
I hope by now
you will not misunderstand my words.

Przegrzmiały już wodospady. Spokojny nadpływa nurt
szeroką falą uśmierzeń. Obłok drętwieje nad ranem.
Toczą się niewidzialne kręgi dalekich planet,
pszczoły zbierają z szypułek ciepły i ciekły miód.
Skądże ta jasność? Stamtąd. Pachnie młodziutki las,
strumień białego blasku toczy się i szeleści,
i wiedźmy szesnastoletnie w wysokich podskokach leśnych
szukają w trawie piskląt wypadłych tej nocy z gniazd.

Do lasu wkracza Minerwa, bogini mądrości dojrzałej,
płynącej z doświadczenia, wprowadzającej ład,
kieruje pogodne oko na wody, które przegrzmiały,
bukiecik fiołków z Olimpu poprawia wpięty do szat
i mówi:

„Zasłonę wzorzystą zarzuć na rzeczy tajemne,
w których dojrzeć nie można zarysu ukrytych znaczeń.
Pogódź się z pozorami. Ze światem połącz się ściśle
nie rozumieniem męczącym, ale miłością ożywczą.
Przyśpiesz swój uroczysty powrót do starych prawd
przy dźwięku mosiężnych trąb, mocnym furkocie wstęg,
surmach, bębenkach i fletach. Wystarczy zło nazwać złem
a wiesz już czego unikać, i zbliża się warkot orkiestry.
Wróć do serdecznych przytuleń czułej miłości rodzinnej,
do długich uścisków dłoni pięknej i silnej przyjaźni,
do myśli pobożnych i skromnych, niefrasobliwych rozrywek,
do pracy nieustannej dokoła godnego dzieła.
Wreszcie nie szukaj odtąd wielkiej miłości do męża:
nie ma widomych oznak na rozpoznanie jej.
Obierz dzielnego młodzieńca i złóż mu czułą przysięgę,
a szybki płomień przeskoczy z ust łatwopalnych do serca".

Return

The waterfalls have receded. The calm stream is coming
with a wide wave of relief. The cloud goes numb in the morning.
Invisible cycles of distant planets trundle,
bees gather warm and molten honey from their stalks.
Where does this brightness come from? From there. It smells of a young forest,
the stream of white glow rolls and rustles
and the sixteen-year old witches in their high forest leaping
are searching in the grass for fledglings that fell from their nests that night.

Into the forest enters Minerva, goddess of mature wisdom,
flowing from experience, bringing order,
she directs a serene eye to the waters that have overflowed,
she adjusts a bouquet of violets from Olympus pinned to her robes
and says:

"Cast a patterned veil over secret things,
in which you cannot see the silhouette of hidden meanings.
Come to terms with appearances. Connect with the world closely
not with exhausting understanding, but with reviving love.
Accelerate your solemn return to old truths
to the sound of brass trumpets, the strong flurry of ribbons,
surma-horns, drums and flutes. It is enough to call evil what it is,
and you know what to avoid, and here approaches the drone of the orchestra.
Go back to the heartfelt hugs of tender family love,
to the long handshakes of strong and beautiful friendship,
to pious and modest thoughts, to careless amusements,
to unceasing work toward a worthy endeavor.
Finally, do not search from now on for great love, for your husband:
there are no visible signs to recognize it.
Choose a brave young man and make him a tender vow
and a quick flame will leap from inflammable lips to the heart."

Łagodne krajobrazy, rozlane jak jeziora,
źródła ze snów wywodząc, zalały wszystkie przepaście.
Żegluję po nich. To powrót z flagą zwiniętą na maszcie
po rzeczy, które minęłam albo dostrzegłam nie w porę –

i oto, pomna przestróg, widzę i widzę wokół
rzeczy pełne harmonii, świateł, przepięknych form
i szlachetnego umiaru. Żaden nie zbliża się sztorm,
fala jest płaska jak szkło. I już nie pęknie. To spokój.

1938

Mild landscapes spill out like lakes,
they extract springs from dreams, they have flooded all the precipices.
They sail over them. It's a return with the flag strung on the mast,
for things I've passed by or not seen in time—

and here, mindful of warnings, I see all around me
things full of harmony, lights, most exquisite forms
and noble moderation. No storm is approaching,
the wave is flat as glass. And it will not break anymore. This is peace.

Waga

Po czym poznaje się miłość? Czy po tajemnym wzburzeniu,
które ogarnia, gdy spotkasz krągłą spadzistość ramienia
słodzą niż inne siedmiokroć? Czy też po strojach skrzydlatych,
które haftujesz nicią i w które zaplatasz kwiaty,
żeby okazać się piękną i godną płomienia w oku?
Czy też po wiernym nawyku stopionych ze sobą kroków
i zestrojonych oddechów i ręki, która spotyka
zawsze gotową rękę, gdy jest spragniona dotyku?
Albo być może po uldze, z jaką powrócisz z zamętu
do twarzy, jak do ojczyzny, do której suną okręty
z bardzo dalekiej podróży? Albo być może po tym,
że krzykniesz przebity zdradą, zerwiesz się, padniesz z powrotem,
znowu się zerwiesz i krzykniesz i znów ci osłabnie ciało,
jak gołąb trzepoczący przeszyty pierzastą strzałą?

Po czym poznaje się miłość? Złączeni mocnym uściskiem
stoją oboje strwożeni każde tym ciałem zbyt bliskim,
i milcząc szukają znaków. Dwa nieruchome posągi
dojrzysz pod chmurą płynącą, nad wodą, w której dwa pstrągi
gonią chmury odbicie, albo noc całą do rana
ścigają Znak Koziorożca, Lwa, Ryby i Barana.
Uścisk ich złączył pod chmurą, nad wodą. Jakimże prawem?
Odbici w strumieniu rwącym ważą powoli tę sprawę.
Oto są oczy w oczach, oto na ustach oczy
i oto usta w ustach. Jakżeż ją poznać? po czym?
Czy po tych strojach skrzydlatych, czy po tych strojach skrzydlatych,
które haftujesz nicią i w które zaplatasz kwiaty?
Jedno zdejmuje Znak Wagi raz ze strumienia, raz z nieba
i mówi z ogromnym smutkiem: po tym, że znaku nie trzeba.

1938

Libra

How do you know love? Is it by the secret agitation
that overtakes you when you meet the rounded slope of a shoulder
sevenfold sweeter than any other? Or by the winged garments,
which you embroider with thread and into which you braid flowers,
so you may appear beautiful and worthy of a flame in the eye?
Or after the faithful habit of fused steps
and tuned breaths and the hand that meets
an ever-ready hand when it is eager for your touch?
Or perhaps after the relief with which you return from confusion
to the face, as to the motherland to which ships sail
from a very distant voyage? Or maybe by the fact,
that you will cry pierced by treason, break off, fall back,
break off again and scream and your body will weaken,
like a fluttering dove pierced by a feathered arrow?

How do you know love? Clinging in a firm embrace
both stand frightened by this too-close body,
and silently search for signs. Two motionless statues
you will see under a flowing cloud, above the water in which two trout
chase the cloud's reflection, or all night until dawn
they are chasing the signs of Capricorn, Leo, Pisces and Aries.
An embrace brought them close below the cloud, above the water. By
     what right?
Their reflections in the rushing stream weigh the matter slowly.
Here are eyes in the eyes, there are eyes on the lips
and behold, mouth in mouth. How shall we know it? By what?
By these winged garments, or by those winged garments,
which you embroider with thread and into which you braid flowers?
One removes the Sign of Libra once from the stream, once from the sky
and says with great sadness: after that, the sign is not needed.

Trofea

Amuletem na przegub ręki ciemnowłosy przede mną błyskał,
paciorkami z cennego jaspisu jasnowłosy przebierał chytrze,
i był, który miał wonne błyskotki z najprzedniejszych drzew sandałowych,
który nęcił pierścieniem sławnym, przewiezionym z zamorskich krajów,
który bursztyn foremny przyrzekał, dłoń mi przy tym gładząc przebiegle.

Przyjdę do ciebie i powiem z uczuciem chełpliwym i słodkim:
„Oto mam szyję
nagą
i ręce niezdobne w błyskotki".

1938

Trophies

With an amulet on his wrist a dark-haired man scintillated before me,
a fair-haired man slyly selected beads of precious jasper,
and he was the type to house fragrant trinkets of the finest sandalwood,
who lured with an exultant ring, brought from countries overseas,
who promised a shapely piece of amber, whilst stroking my hand cunningly.

I will come to you and I'll say with a boastful and sweet feeling:
"Here is my neck
bare
and hands unadorned with trinkets.

Świętokradztwo

Pomimo twojej wiedzy ominęłam błyszczące posążki,
obwieszone sznurami muszel i błyszczących tygrysich zębów,
dalej minęłam bożków z polerowanej kości słoniowej
i innych drążonych w srebrze, i innych z dętego złota.
I cóż mi możesz uczynić, że uporczywie błądziłam
szukając najcięższych drzwi i przejść najbardziej krętych?

Aż w mrocznym sanktuarium, przy którym zwiodłam straż,
z kamienną twoją rozpaczą
stanęłam
twarzą
w Twarz.

1938

Sacrilege

Despite your knowledge, I bypassed the shiny statues
fringed with ropes of shells and shining tiger teeth,
then I passed idols of polished ivory
and others sculpted in silver, and others made of brass.
And what can you do to me, now that I have strayed persistently,
seeking the heaviest doors and the most winding of passages?

Until in the dark sanctuary, where I misled the guard,
with your stony despair
I stood
face
to Face.

Epitaphium

...A kiedy ciemnym borem ciemna płynęła dolina
ślizgając się po żółwiach, grzęznąc w wysokich mrowiskach,
skacząc w bijące potoki, na mchy spadając goniłam
twój nieuchwytny uśmiech, który mgłami błysnął.

...Nic z twarzy twej nie zostało. Nic – tylko rysy złożone
w oku dostępną twarz, dawnej twej twarzy kościec.
Lotne obłoki skojarzeń, gdyby wiatrem spłoszone,
opadły z rysów jak z gór, bym teraz mogła je dostrzec.

...Taki więc jest twój uśmiech! Niebieskie fregaty wspomnień,
różowe fregaty marzeń, wpierw rozpostarte do lotu
kryły go swymi żaglami. Takie więc czoło twe! Skronie!
Usta! Obraz miłości twe usta zasłaniał dotąd.

1939

Epitaph

... And when the dark valley flowed through the dark forest
sliding over turtles, perching in tall anthills,
leaping into throbbing streams, falling on the mosses I chased
your elusive smile that flashed with the mists.

... There is nothing left of your face. Nothing—only your features folded
in the eye an accessible face, your former face of bones.
Flying clouds of associations, if they were panicked by the wind
fell from your features as from mountains so that now I could see them.

... So this is your smile! Blue frigates of memories
pink frigates of dreams, first spread out to fly,
they draped it with their sails. So this is your forehead! Your temples!
Lips! The image of love has covered your lips just this far.

Maj 1939

Raz wzbiera we mnie nadzieja,
raz jestem niespokojna.
Zbyt wiele rzeczy się dzieje –
coś przyjdzie: miłość lub wojna.

Są znaki, że przyjdzie wojna:
kometa, orędzia, mowy.
Są znaki, że przyjdzie miłość:
serce, zawroty głowy.

Kometa błysnęła nocna,
gazeta nadbiegła dzienna.
O wiosno, wiosno miłosna!
Nie, nie miłosna. Wojenna!

Pełnia nadeszła wiosenna
i snów ze sobą naniosła.
O wiosno, wiosno wojenna!
Nie, nie wojenna. Miłosna!

Czytam codziennie dodatki,
wnioski z dodatków snuję,
obrywam na kwiatkach płatki:
kocha... lubi... szanuje...

Brzemienna! Wróżebna! Wiosno
inna od innych wiosen!
Cokolwiek byś mi przyniosła,
wszystko przyjmę i zniosę.

Na maju, rozstaju stoję
u dróg rozdrożnych i sprzecznych,
gdy obie te drogi twoje
wiodą do spraw ostatecznych.

May 1939

One minute hope wells up within me
then I get restless.
Too many things are happening—
something will come: love or war.

There are signs war will come:
comets, messages, speeches.
There are signs love will come:
a heart, vertigo.

The comet flashed by night,
the newspaper arrived by day.
O spring, spring of love!
No, not of love. Of war!

The vernal full moon has come
and with it brought dreams.
O spring, spring of war!
No, not of war. Of love!

I read the papers every day,
I draw conclusions from these papers,
I pick the flower petals:
he loves... likes... respects...

Pregnant! Scrying! O Spring
different from other springs!
Whatever you bring me,
I'll take it and bear it all.

On May's crossroads I stand
at the roads intersecting and contradicting,
when both of those roads of yours
lead to final matters.

Tęsknota nadciąga chmurą,
wieści przez radio płyną.
Czy pójdę, czy pójdę górą,
czy pójdę – doliną?

1939

A cloud of longing rolls in,
news comes over the radio.
Will I go, will I go up the mountain,
or will I go—by the valley?

Przebudzenie

Świat – gęstwa niepojęta i zlepek obrazków –
migotał pytaniami. Tam, w czerwonym blasku
pożarów nieustannych, czemuż to tak często
sięgają wojownicy po twarde zwycięstwo?
Przez wąwozy uliczne płynąc, czemu oto
zapala się lud gniewem i wzbiera, jak potok?
Czemu smutkiem i grozą zarazem owiana
przygodna rzeczywistość bez wianka i wiana
nadchodzi, nic nie wnosząc w objęcia pragnące?
Któż nas jeszcze nie zdradzi, któż nas nie odtrąci?
Przeszłość pełna wypadków jest nie do pojęcia,
Prorocy, władający tajemnym zaklęciem,
wywodzili z niewoli potulne narody
i różdżką na ich drodze rozdzielali wody.
Przyszłość w dymnej osłonie jest nie do przejrzenia...
Na co komu wysiłek naszego tworzenia,
jeśli nic nie nastąpi? Czoło ściśnij dłonią.
Po cóż liście paproci smugi nasion ronią
obok mrowisk gorących, obok śladów zwierza?
Czy prawdą jest, że gubiąc w locie strzępy pierza,
orły z herbów państwowych jedno i dwugłowe,
zbrojne w miecz wyfruwają na drapieżne łowy?
A pośród gwiazd, rzęsami sztywnymi tryskając,
tkwi oko opatrzności. Czy może to pająk?

Oto patrzę, zbudzona z koszmarów i widzeń:
Z chaosu, roztrącając mgły i tajemnice,
wyłania się w umyśle świat wielki i prosty,
metale magnetyczne, roślinne rozrosty
i czyny bohaterskie. O różna w przejawach
materio, która miazgą sycisz i napawasz
rzecz każdą, sprawę każdą! Lotny ptak nad chmurą
jak ster prostuje ogon i wygrzewa pióro.

The Awakening

The world—an unknowable thicket and a cluster of images—
was flickering with questions. There, in the red glare
of incessant fires, why is it that so often
warriors reach for hard victory?
Flowing through street ravines, why is it that here
people are incensed and swell like a current?
Why is it that, shrouded with both sadness and dread
the casual reality without a wreath and without dowry
comes, bringing nothing into desiring arms?
Who will not betray us, who will not cast us away?
The past full of accidents is beyond comprehension,
Prophets, wielding a secret spell,
have brought meek nations out of bondage
and with a wand parted the waters in their path.
The future in smoky cover, unseeable...
Of what use is the effort of our creation,
if nothing comes of it? Press your palm to your forehead.
Fern leaves shed streaks of seeds, and what for—
beside hot anthills, beside animal tracks?
Is it true that losing shreds of feathers in flight,
the eagles of the national crest, one and two-headed,
armed with swords, head out for their predatory hunts?
And among the stars, gushing with stiff eyelashes,
juts the eye of providence. Or is it a spider?

And here I gaze awakened from nightmares and visions.
From the chaos, shattering mists and mysteries,
a world great and simple emerges in the mind,
magnetic metals, sprouts of plants,
and heroic deeds. O matter, diverse
in your manifestations, brimming with pulp
in each thing, in every cause! A bird in flight above a cloud
like a rudder straightens its tail and warms its feather.

Wiem – tyś ptakiem, obłokiem i słonecznym ogniem.
A jeśli mistrz zdumiewa dziełem wiekopomnym,
ty w mózgu mu rozbłykasz i w sercu się żarzysz.
A jeśli lud wzburzony wstaje z gniewem w twarzy
naprzeciw drugiej chmary o napięciu sprzecznym,
ty iskrą rewolucji przecinasz powietrze.
(Z ostrego starcia zawsze ruch jak piorun tryska).
I w sobie ciebie czuję, o materio bliska,
która zbliżasz mnie z ptaków, z obłoków gromadą.
Zjednoczona ze wszystkim pieśni wiersze moje składam
dla przyjaciół, a oni bawełniane kwiaty
dla mnie biorą na sprawne, ruchliwe warsztaty.
Zamieniamy uściski. Przed nami widnieje
morze pełne korali, a za nami – dzieje.
Gdy słuchamy przeszłości, która jest za nami,
furkoczą strzały, szczęka wygładzony kamień,
zgrzyta radło żelazne i stalowe igły,
huczy pas transmisyjny. Z tych to rzeczy zwykłych
rośnie drzewo historii. A teraz w oddali
zielone morze pełne czerwonych korali,
pod wrogie nam, pancerne kładzie się okręty.
Zanim statki ukończą swój kurs rozpoczęty,
zmienią flagi na nasze. Przeszłość w przyszłość spływa
i ciągłość łączy wszystkie ze sobą ogniwa.
O radości biegnąca z rzeczy zrozumiałych!
O bystre rzeki białka! O węglowe zwały!
O słodyczy poznania! Mgła opada, znika,
Szumią białe strumienie, błyszczy drobna mika
i drzewa smukłe rosną na lądach odkrytych.
Patrzę w gwiazdy. Rozumiem. I płonę z zachwytu.

1940

I know: you are a bird, a cloud and a sunny fire.
And if the master amazes with an immortal work,
you spark in his brain and glow in his heart.
And if an agitated people stands with rage in their faces
against another cloud of contradictory tension,
you cut through the air with the flare of revolution.
(From a fierce clash always movement courses like lightning).
And in myself I feel you, o, matter so near,
that you bring me closer to the birds, to clouds in their horde.
United with all I submit my hymns
to friends, and they take cotton flowers
to efficient, busy workshops on my behalf.
We exchange embraces. In front of us there is
a sea full of corals, and behind us—history.
As we listen to the past behind us,
the arrows whirr, smoothed stone clinking,
the rasp of iron plough and steel needles,
the transmission belt rumbles. Out of these ordinary things
grows the tree of history. And now in the distance
the green sea full of red corals
splays under our enemy's armored ships.
By the time the ships have completed the course they started,
they will change their flags for ours. The past flows into the future
and continuity connects all links into one chain.
O joys deriving from things intelligible!
O brisk rivers of white! O heaps of coal!
O sweetness of knowledge! The fog descends, disappears.
White streams murmur, fine mica glitters
and slender trees grow on uncovered lands.
I look at the stars. I understand. And I burn with delight.

W bitwie o urodzaj

Kiedy się kończy bój i stygną łuski kul,
zwycięstwo czcisz marmurem białym i eposem.
I tu się toczą bitwy. Nagłe świty wiosen
przestrzeń tobie ukażą rosnącą jak łuna,
przestrzeń tobie ukażą buraczanych pól.
Niech ją sławi, błyskając i grzmiąc, twoja struna.

Pod silnym liściem głębiej warzywa soczyste
słodyczą nabrzmiewają żywą jak krew twoja,
gdy nagle zgrzyta pancerz, chrzęści czarna zbroja,
podpełza i naciera twardy, chciwy żuk.
Przekłuty miąższ wysycha, rdza pokrywa liście.
Do broni! Oto sięga po urodzaj wróg!

Skądże odsiecz nadejdzie? Szybko i okrutnie
na wroga niech uderzy – w bitwie nie ma łaski.
Ileż mają dziewczyny w gniewnych oczach blasku,
gdy prowadzą, odświętnym warkoczem kołysząc,
łagodne, srebrne kury o puchu mięciutkim,
niosące polom odsiecz i obfitość przyszłą.

Dziób ptasi tnie jak bagnet, losy bitwy zmieni.
W granicie utrwali warkocz i mięciutkie pióra,
niech je pochwali wiersza namiętna cezura;
latom, które nadejdą, niechaj pieśń opowie,
jak wstawał na tych polach w roślinnej zieleni
szorstki, chropowaty patos i dni tworzył nowe.

1941

In the Battle for Birth

When the battle is over and the shells of bullets cool,
you worship victory with white marble and epic.
And here the battles are fought. The sudden dawn of spring,
the space will show you growing like a glow,
the space of beet fields shall show you.
Let it be praised, flashing and thundering, by your string.

Beneath the strong leaf, deeper juicy vegetables
with sweetness swelling, alive like your blood,
when suddenly armor rattles, dark armor cracks,
the hard, greedy beetle crawls up and grubs.
The pierced flesh shrivels, rust covers the leaves.
To arms! Here is the enemy reaching for harvest!

Where will relief come from? Quickly and cruelly
let him strike at the enemy—no mercy in battle.
How much light the girls have in their angry eyes,
when they lead, with festive swinging braids,
gentle silver hens with soft down,
bringing relief and future abundance to the fields.

The bird's beak cuts like a bayonet, changes the battle's fate.
It will preserve the braid and soft feathers in granite,
may they be praised by the poem's passionate censor;
for years to come, let a song tell of
how he raised in these fields of verdant growth
the course, rugged pathos and the days it made new.

*** *** ***

Non omnis moriar – moje dumne włości,
Łąki moich obrusów, twierdze szaf niezłomnych,
Prześcieradła rozległe, drogocenna pościel
I suknie, jasne suknie pozostaną po mnie.
Nie zostawiłam tutaj żadnego dziedzica,
Niech więc rzeczy żydowskie twoja dłoń wyszpera,
Chominowo, lwowianko, dzielna żono szpicla,
Donosicielko chyża, matko folksdojczera.
Tobie, twoim niech służą, bo po cóż by obcym.
Bliscy moi – nie lutnia to, nie puste imię.
Pamiętam o was, wyście, kiedy szli szupowcy,
Też pamiętali o mnie. Przypomnieli i mnie.
Niech przyjaciele moi siądą przy pucharze
I zapiją mój pogrzeb i własne bogactwo:
Kilimy i makaty, półmiski, lichtarze –
Niechaj piją noc całą, a o świcie brzasku
Niech zaczną szukać cennych kamieni i złota
W kanapach, materacach, kołdrach i dywanach.
O, jak będzie się palić w ręku im robota,
Kłęby włosia końskiego i morskiego siana,
Chmury rozprutych poduszek i obłoki pierzyn
Do rąk im przylgną, w skrzydła zmienią ręce obie;
To krew moja pakuły z puchem zlepi świeżym
I uskrzydlonych nagle w aniołów przemieni.

1942

* * *

Non omnis moriar—my proud domain,
Meadows of tablecloths, strongholds of closets staunch,
Sheets endless, precious linen fabrics
And dresses, bright dresses will remain after me.
I will not leave a single heir behind.
So may your hand fish through Jewish things,
You, Mrs. Chomin of Lwow, gutsy wife of a snitch,
Quick informer, mother of a volksdeutscher,
May these things serve you and yours—
what good would they do strangers? My dears—
I pass on no lute, no empty name.
I remember you, just as you, when the Schupo came,
Thought of me. Even reminded them of me.
Let my friends sit down to a chalice
And drink to their wealth at my burial:
Tapestries and rugs, platters, candles—
May they drink the night long, and at the break of dawn
May they rummage for precious stone and gold
Amid the sofas, mattresses, quilts, and carpets.
O, how the work will burn easy in their hands,
Clumps of horsehair and seagrass,
Clouds of pillows torn and puffs of feathers
Cling to their hands, turning both arms to wings,
And the fresh down, binding with my blood,
Swifty turns them to winged angels.

Notes to the Poems

New Year's: A Handmade Greeting Card
At the end of the poem, there is a reference to "Oh my Rosemary" ("O mój rozmarynie"), one of the most popular Polish soldier songs of WWI.

The Blue Almond Theorem
In Polish idiom, to "think about blue almonds" is akin to having your head in the clouds.

On "Phaedrus, the Fox, and the Stork"
This poem retells a Polish children's fable, in which a fox invites the stork over for dinner and the fox offers the stork two shallow dishes from which the fox can eat but the stork cannot. In return, the stork invites the fox over for dinner and offers two dishes served in long tubes from which the stork can eat but the fox cannot. The moral of the story being don't do unto others what you wouldn't want done unto you.

This is One
During the Polish holiday Our Lady of the Thunders, spring can traditionally only be expected with the onslaught of thunderstorms. Historically, candles painted with the Madonna's image, would be placed in windows during thunderstorms as totems of thunder and protective icons.

Ballad About Critics Flipping Through Poetry
Bolesław Leśmian (1877–1937) was among the first poets to adapt Symbolism to Polish verse; Julian Tuwim (1894–1953) was a leader of the Skamander poetic movement and a mentor to Ginczanka; Józef Czechowicz (1903–1939) was a poet known for his pastoral and catastrophic verses; Kazimierz Wierzyński (1894–1969) was another foremost member of the Skamander group who abandoned traditional meter; Maria Pawlikowska-Jasnorzewska (1891–1945) was a poet of refined lyric verse. All of these poets were more or less contemporaries of Ginczanka's.

Contemporaneity

Flavius Odoacer was a soldier and statesman who deposed the child emperor Romulus Augustulus. Odoacer's overthrow of Romulus Augustulus is seen as marking the end of the Roman Empire.

"Non omnis moriar..."

The opening words of this poem can be translated to "Not all of me will die," which are the opening words of Horace's Ode 3.30. This poem references Horace's "Exegi monumentum," which opens: "Exegi monumentum aere perennius" ("I have crafted a monument more lasting than bronze" in Terry Walsh's translation). It also references Juliusz Słowacki's "My Testament." The "J." refers to "Jewish," which Ginczanka was abbreviated in the surviving transcribed copy of the poem, representing the unspeakable part of who she was. Chominowa was the last name of the proprietress of the tenement house in Lviv at 8a Yablonovska Street, where Ginczanka lived in hiding from 1939 to 1942. Chominowa reported Ginczanka's status as a Jew to the Gestapo. The Schupo were units of the formation Ordnungspolizei (Order Police) established in all cities with more than five thousand inhabitants, operating in the Third Reich from 1936 to 1945.

Acknowledgments

MY GRATEFUL ACKNOWLEDGMENTS TO the editors of publications where poems previously appeared: *Asymptote* ("Process," "Grammar," "Fraud," "About Centaurs," "Virginity," "Declaration," "Fishing"); *Exchanges* ("Pride," "Canticum Canticorum," "Essence," "Seafaring," "Fur," "This is One," "Betrayal"); *Action Books* ("Ascension of the Earth," "Labyrinth of Madness," "Song of Adventure," "Escape," "Epitaph"); *World Poetry Review* ("World's End," "And I think I'll go ahead of me...," "August Fertility," "Sphericity"); *EcoTheo Review* ("An Herbarium, To Be Filled," "Two Octobers," "Rebellion at Fifteen," "Joyful Mythology," "Acquaintance," "Still Life: Pomidor," "Agony," "The Awakening"); *Harp & Altar* ("Came Then" and "Thoughts Through a Blue Crystal"); *Packingtown Review* ("Forgotten May" and "Escape"); *Plume* ("New Year's: A Handmade Greeting Card").

To my parents, thank you for raising me with compassion and confidence. To my aunt and uncle, for the poetry you make together. To my brother, for always sticking by me.

To Kareem James Abu-Zeid, thank you for your gracious mentorship and for believing in this project. To Matvei Yankelevich at World Poetry Books who was infinitely patient and encouraging as we edited this book. To Kasia Szymanska, thank you for introducing me to Ginczanka and to the world of translation. To Garrett Phelps, what enjoyment we shared in the editing process! To JC Niala, thank you for writing alongside of me.

To Paulina Mascianica, to our friendship. I appreciate you going through Ginczanka's beautiful Polish with me. Thank you for collaborating with me, this book is dedicated to you.

Thank you also to the American Literary Translators Association for providing me with a mentorship that supported my engagement in this project, to the Harvard Slavic Department for providing me with a Jurzykowski grant to continue my study of Polish, and to the ©POLAND Translation Program for providing funding that supported this book's publication.

Zuzanna Ginczanka (1917–1945) was a Polish-Ukrainian-Jewish poet of the interwar period. Born in Kiev, which her parents fled to avoid the Russian Civil War in 1922, Ginczanka began writing seriously as a child in Równe, Poland (now Rivne, Ukraine). She was nationally recognized for her poetry by sixteen years of age. Encouraged by a correspondence with poet Julian Tuwim, she moved to Warsaw in 1935. There she became associated with the Skamander group and the satirical magazine *Szpilki*, and befriended many writers including Witold Gombrowicz. Her 1936 collection, *On Centaurs*, was widely lauded upon its release. At the start of World War II, she moved east, living in Równe and Soviet-occupied Lviv. In 1942, after the German takeover of Ukraine, she escaped arrest and fled to Kraków on false papers to join her husband. She was arrested in 1944 and shot by the Gestapo a few days before Kraków was liberated by the Soviets. After the war, her last known poem *"Non omnis moriar..."* was used in court to testify against her denouncers.

Alex Braslavsky is a scholar, translator, and poet. A graduate student in the Harvard Slavic Department, she writes scholarship on Russian, Polish, and Czech poetry through a comparative poetics lens. She was an American Literary Translators Association Mentee in 2021. Her poetry has appeared in *Conjunctions* and *Colorado Review*.

Yusef Komunyakaa is an American poet who teaches at New York University and is a member of the Fellowship of Southern Writers. His poetry combines jazz syncopations, vernacular language, and personal story. He received the Pulitzer Prize for Poetry in 1994.

This books is typeset in Bona Nova, designed by Mateusz Machalski as a revival and expansion of Andrzej Heidrich's Bona—a delicate cursive typeface designed in 1971. Titles are set in Le Jeune, designed by Paul Barnes, Christian Schwartz, and Greg Gazdowicz for Commercial Type.

The cover design, inspired by the work of Polish painter and designer Władysław Strzemiński (1893–1952), is by Andrew Bourne. Typesetting by Don't Look Now. Printed and bound by KOPA in Lithuania.

 WORLD POETRY

Jean-Paul Auxeméry
Selected Poems
tr. Nathaniel Tarn

Maria Borio
Transparencies
tr. Danielle Pieratti

Jeannette L. Clariond
Goddesses of Water
tr. Samantha Schnee

Jacques Darras
John Scotus Eriugena at Laon
tr. Richard Sieburth

Olivia Elias
Chaos, Crossing
tr. Kareem James Abu-Zeid

Phoebe Giannisi
Homerica
tr. Brian Sneeden

Zuzanna Ginczanka
On Centaurs and Other Poems
tr. Alex Braslavsky

Nakedness Is My End:
Poems from the Greek Anthology
tr. Edmund Keeley

Jazra Khaleed
The Light That Burns Us
ed. Karen Van Dyck

Jerzy Ficowski
Everything I Don't Know
tr. Jennifer Grotz & Piotr Sommer
PEN AWARD FOR POETRY IN TRANSLATION

Antonio Gamoneda
Book of the Cold
tr. Katherine M. Hedeen &
Víctor Rodríguez Núñez

Maria Laina
Hers
tr. Karen Van Dyck

Maria Laina
Rose Fear
tr. Sarah McCann

Perrin Langda
A Few Microseconds on Earth
tr. Pauline Levy Valensi

Manuel Maples Arce
Stridentist Poems
tr. KM Cascia

Enio Moltedo
Night
tr. Marguerite Feitlowitz

Meret Oppenheim
The Loveliest Vowel Empties:
Collected Poems
tr. Kathleen Heil

Elisabeth Rynell
Night Talks
tr. Rika Lesser

Giovanni Pascoli
Last Dream
tr. Geoffrey Brock
RAIZISS/DE PALCHI TRANSLATION AWARD

Rainer Maria Rilke
Where the Paths Do Not Go
tr. Burton Pike

Ardengo Soffici
Simultaneities & Lyric Chemisms
tr. Olivia E. Sears

Ye Lijun
My Mountain Country
tr. Fiona Sze-Lorrain

Verónica Zondek
Cold Fire
tr. Katherine Silver